Chères lectrices, chers lecteurs,

je suis heureux de partager avec vous par ces lignes quelques moments de votre temps si précieux.
Nous allons au fil des pages voyager dans les sujets et poèmes que je vous propose.
Nous passerons donc quelques instants ensemble et vous pourrez si vous le souhaitez me communiquer vos impressions, je vous laisse ma page facebook en fin du livre.

Bien à vous

Clément Cheylan

PHILOSOPHIE

PRODIGUE

Préface de Françoise Dastur

Clément CHEYLAN

Édition : BoD – Books on Demand, info@bod.fr

Impression : BoD – Books on Demand, In de Tarpen, 42 Norderstedt (Allemagne)

Impression à la demande
ISBN : 978-2-3225-2126-5

Dépôt légal : Janvier 2024

PHILOSOPHIE

PRODIGUE

Préface.

Clément Cheylan, privé de l'usage de la vue depuis de nombreuses années et autodidacte en philosophie, avait publié en 2022 un premier livre, intitulé « Et si la philosophie… Découvrir et comprendre en 89 textes ». Ce livre, résultat des lectures extensives qu'il a faites de l'histoire de la philosophie, des premiers penseurs grecs aux philosophes d'aujourd'hui, a servi de base aux ateliers-philo qu'il anime dans le cadre de l'Association familiale de St Péray. Ce sont les discussions qui y ont eu lieu qui constituent la matière de ce second livre, « Philosophie prodigue », dans lequel il n'hésite pas à partager sans compter les réflexions qui lui ont été suggérées par le dialogue qu'il a entretenu pendant plusieurs années avec les participants de ces ateliers-philo. Car il s'agit bien ici de pensées partagées, qui sont le reflet des entretiens oraux qui y ont eu lieu.

La philosophie est en effet, comme le montre bien l'œuvre entière de Platon, fille du dialogue. Le mot *philosophia* a été forgé par les Grecs du Ve siècle avant J.C., mais c'est Platon qui lui a donné le sens qu'il a conservé tout au long de la tradition occidentale. Il s'en explique, il faut le rappeler, dans un passage de l'un de ses dialogues qui met en scène les échanges qui ont eu lieu entre celui qui fut son maître, Socrate, et Phèdre, un jeune et riche athénien. Socrate y déclare en effet que celui qui parle en étant animé par le souci de la vérité ne peut pas être nommé un « sage » *(sophos)*, la sagesse n'étant pas accessible aux humains, mais simplement un ami de la sagesse *(philosophos)*.

Il ne faut donc pas s'étonner de trouver dans l'un des chapitres de *Philosophie prodigue* un éloge de Socrate, celui qui n'écrivait pas et qui parcourait les rues d'Athènes en interrogeant ceux qu'il y rencontrait, mettant alors en déroute leurs idées préconçues et leur faisant ainsi comprendre qu'en réalité ils ne savaient rien. Celui qui fut le maître de Platon possédait en effet, souligne Clément Cheylan, « cette grande sagesse de savoir qu'il ne savait rien », car « nous pensons à tort que le sage et le philosophe qui est l'ami de la sagesse sont des puits de connaissances ». C'est Platon qui affirme dans un autre dialogue, intitulé l'*Apologie de Socrate,* que la philosophie a commencé lorsqu'on a cessé de se raconter des histoires et que l'on a cultivé en soi le goût de l'interrogation.

C'est ce que met bien en évidence ce grand philosophe français que fut Maurice Merleau-Ponty dans le cours inaugural au Collège de France qu'il prononça en 1953 sous le titre « Éloge de la philosophie ». Ce qui intéresse Merleau-Ponty chez Socrate, c'est le goût de l'interrogation et du non-savoir, la philosophie étant pour lui « le mouvement qui reconduit sans cesse du savoir à l'ignorance, de l'ignorance au savoir ». Car la philosophie, dans la mesure où elle porte sur le tout, n'a pas de domaine déterminé et ne cesse donc de s'interroger elle-même sur sa propre possibilité, en particulier dans l'époque moderne où l'ensemble des savoirs positifs semble occuper la totalité du champ du savoir possible. C'est la raison pour laquelle le philosophe a une position instable, il « boîte », dira même Merleau-Ponty, car il ne cesse de s'interroger sur l'autorité des autres savoirs, mais aussi sur le fondement de sa propre autorité de « philosophe ».

Car Socrate n'en sait vraiment pas plus que celui qu'il convainc d'ignorance. Socrate sait qu'il n'y a pas de savoir absolu et que cette impuissance ou cette lacune est précisément ce qui nous permet d'apprendre et d'être ouvert à la recherche de la vérité. C'est la raison pour laquelle Merleau-Ponty défend l'idée d'un non-élitisme du philosophe par rapport aux autres hommes, la philosophie n'étant, selon lui, « qu'une manière de mettre en mots ce que chaque homme sait bien ». Le philosophe n'est rien qu'un homme, mais un homme éveillé, c'est-à-dire sorti du silence et de la solitude, qui parle, qui « communique » et qui ne se différencie de l'homme ordinaire, trop souvent endormi, que par cette parole. C'est là l'image que Merleau-Ponty voulait donner de la philosophie, une image « humaine », rompant ainsi, comme l'avait déjà fait Sartre, avec l'image du philosophe comme d'un penseur hautain, enfermé dans sa tour d'ivoire et étranger à la vie des hommes et à l'histoire.

C'est, me semble-t-il, une telle idée de la philosophie qui guide Clément Cheylan dans l'analyse qu'il entreprend, à partir du dialogue qu'il a mené non seulement avec les participants de ses ateliers-philo, mais aussi et surtout avec lui-même, de tout un ensemble d'idées reçues. C'est ainsi, pour ne donner que quelques exemples, qu'il entreprend, avec audace, de montrer que la fameuse devise française, « Liberté, égalité, fraternité », peut être mieux comprise si, par ce qu'il nomme « un jeu d'esprit », on remplace ces trois concepts par ceux de « vertu, équité, solidarité », solidarité me semblant personnellement un terme fort bien choisi, la femme que je suis ne pouvant être le « frère » de personne. Il en va de même en ce qui concerne la notion d'identité, si souvent invoquée aujourd'hui, que l'on croit stable et définitive, alors qu'il faut au contraire prendre conscience qu'elle est en réalité « une construction de tous les jours », car elle évolue inexorablement avec le temps. Quant au respect, auquel est consacrée une longue analyse, il ne s'agit de l'identifier ni à la simple politesse qui, bien que nécessaire à la vie en commun, n'est qu'un « garde-fou acquis par l'éducation », ni à l'estime, qui provient de la valeur plus ou moins grande que nous reconnaissons à quelque chose ou à quelqu'un, alors que le respect, qui est toujours inconditionnel, est la reconnaissance de la dignité que l'on doit à la personne humaine, son contraire étant le mépris. Il ne faut donc le confondre ni avec l'amour, ni avec l'admiration, et encore moins avec la crainte, car il consiste, comme le dit ce grand philosophe allemand qu'est Kant, à toujours traiter l'autre comme une fin et jamais « simplement » comme un moyen, ce qui est cependant souvent le cas, les rapports que nous avons avec les autres étant aussi des rapports utilitaires.

Mais là où la pensée de Clément Cheylan devient des plus incisive et décapante, c'est lorsqu'il entreprend de « briser » les idées communes que nous nous faisons de l'espoir et du désespoir. Car l'espoir est généralement considéré comme bénéfique, et l'espérance constitue même dans la religion chrétienne, avec la foi et la charité, une des trois vertus dites « théologales » (des vertus qui concernent Dieu), du fait que les croyants attendent de Dieu, avec confiance, qu'il leur octroie la vie éternelle après la mort. C'est la raison, comme le souligne Clément Cheylan, pour laquelle on prétend généralement que l'espoir, considéré comme un sentiment bénéfique, fait vivre, alors qu'il s'agit plutôt pour lui de montrer qu'il est une forme d'illusion et par là l'inverse

5

même de l'action. Il faut donc, comme nous enjoint Sénèque, désapprendre à espérer, si du moins nous voulons être dans l'action. De sorte que cette absence d'espoir qu'est le désespoir s'avère n'être pas toujours un sentiment négatif, car alors nous nous montrons capables d'accepter la vie telle qu'elle est.

Les philosophes sont dans leur ensemble d'accord pour considérer qu'avec l'apparition de la philosophie une véritable mutation de la pensée humaine a lieu qui est le passage de l'opinion sinon au savoir, du moins à l'interrogation. En lisant les analyses que nous donne Clément Cheylan de tout un ensemble d'idées préconçues, on a l'impression de sortir peu à peu de cette caverne obscure dont nous parle Platon dans *La République*, son dialogue le plus long. Dans cette célèbre allégorie de la caverne, il met en effet en scène des êtres humains enchaînés, immobilisés dans cette position depuis leur enfance, qui n'ont jamais vu la lumière du jour et qui ne peuvent voir des choses que les ombres projetées sur les murs par un feu allumé derrière eux. Mais si un prisonnier est un jour délivré de ses chaînes, il peut alors se retourner, puis se diriger vers l'entrée de la caverne, en sortir et découvrir enfin la lumière du jour. Il comprend alors qu'il n'a jusqu'ici vu que des apparences et non pas les choses réelles et qu'il n'a vécu que dans l'illusion. Cette caverne symbolise ainsi l'enfermement qui est le nôtre dans le monde des opinions, dont seule la réflexion philosophique peut nous permettre de sortir.

C'est sur un tel chemin qui mène à la délivrance que nous entraînent les analyses que nous propose Clément Cheylan des opinions que nous partageons dans la vie courante sans la plupart du temps nous interroger sur leur bien-fondé. Mais ce qui donne en outre à ce livre son rythme particulier, et qui en rend la lecture particulièrement stimulante, c'est le fait que chacun des quatorze chapitres qui le composent se termine par un poème. Le penseur, celui qui met en question les idées reçues, se double donc ici d'un poète, lequel, en quelques mots, parvient, avec humour, à mettre en déroute les idées toutes faites et les opinions communes que l'analyse philosophique a longuement examinées et discutées. Car la poésie, tout comme la pensée, ne nous livre aucune certitude, elle se contente de suggérer et, elle aussi, d'interroger. La poésie et la philosophie sont en effet des manières d'être au monde qui, bien que fort différentes, sont pourtant étroitement apparentées. Car ce que l'on peut déceler en elles, c'est, au plus haut degré, la manifestation d'un souci qui n'est ni simplement souci de soi, égocentrisme, ni simplement souci de l'autre, altruisme et donc anthropocentrisme, mais ce que les Grecs nommaient si bien « souci du tout ».

La conclusion, l'auteur l'emprunte à l'un de ses philosophes préférés, Sénèque, qui nous enjoint de mettre en question nos croyances, et par là d'assumer notre solitude, en se séparant de la foule de ceux qui s'imaginent posséder la vérité, alors qu'elle est ce que ne cesse de rechercher celui qui ose penser par lui-même.

Françoise Dastur
Professeur honoraire de philosophie

Préambule.

Nous voici au seuil de ce livre intitulé « Philosophie Prodigue », ce préambule en est en quelque sorte la porte d'entrée, il vous suffira de la pousser, de faire un pas en avant afin que vous accueille ma philosophie.

Mais avant cela, permettez-moi de vous dire quelques mots sur le choix du titre, « Philosophie Prodigue ». En effet, pourquoi Prodigue ? Tout simplement parce que j'ai décidé de le proposer à prix coûtant.

Prodigue aussi parce qu'il me semble que la philosophie est faite pour être partagée, prodiguée, pour que nombreux soient ceux qui puissent en profiter.

J'étais dans cet état d'esprit lorsque je décidai de nommer mon livre ainsi. Mais, comme vous le voyez, je n'ai pu résister à ce jeu de mot visuel entre Prodigue et Prodige. Certains pourront penser que cela est une manière détournée pour qualifier ma philosophie de Prodige... Non, bien sûr, c'est du second degré, d'ailleurs notre philosophe avec son bâton fait tout ce qu'il peut pour que la lettre U retrouve sa place.

Le Prodige, s'il y en a un, réside dans la gratuité de cet acte partagé, pour qu'avec vous ce partage en soit véritablement un.

Mais je me tais et vous laisse découvrir les 14 sujets et poèmes qui suivent.

Le philosophe et le comédien.

Nous avons quatre émotions principales, la peur, la colère, la tristesse et puis la joie. Ces quatre émotions peuvent être chacune issue du réel ou de la fiction, et ce n'est pas du tout la même chose.

Un samedi soir de mars 2021, j'étais à regarder la télévision. Mon programme, une émission où un animateur bien connu prend soin d'inviter ceux qui sont dans le moment les plus représentatifs du monde artistique, politique, culturel et autre. Ainsi donc défilent l'un après l'autre, intellectuels, musiciens, chanteurs, écrivains etc…, en ayant pour chacun d'eux la possibilité lorsque l'animateur le permet, de dire ce qu'ils pensent du travail des autres invités, si toutefois ils en éprouvent le désir.

Ce soir-là, l'invité phare était un philosophe français célèbre qui venait faire la promotion de son dernier livre en date. Le philosophe disait à l'animateur que l'émotion, tant qu'elle était présente en nous, ne permettait pas la réflexion. Cela n'est pas un scoop, me direz-vous ! Cela fait à peu près 2400 ans que les philosophes nous le disent. Maintenant, il est vrai que chaque philosophe a sa manière de le présenter et il faudrait lire le livre de l'invité pour se nourrir des nuances

9

qu'il apporte au sujet. L'invité exprimait l'idée suivante : il nous faut sortir des émotions qui nous étreignent pour pouvoir penser.

Cela semble évident, mais apparemment pas pour tout le monde, car un comédien présent ce soir-là s'opposa fortement à ce qui me semble être du bon sens.

Le comédien asséna au philosophe que l'émotion n'empêchait pas la réflexion, car elle permet par l'intermédiaire de l'art de nous faire passer un message, ce qui ne manque pas, voire a pour objectif, de solliciter notre pensée.

Le philosophe tenta de faire comprendre au comédien qu'il était dans l'erreur en lui faisant remarquer que l'art génère des émotions qui ne sont pas vérité. Lorsque l'on n'a que très peu de temps et c'est le cas dans une émission de télé, il est quasi impossible de faire entendre raison à celui qui se braque et qui se ferme. Si ce que prétendait le comédien n'est pas complètement faux, de toute évidence il n'avait pas entendu ce que disait le philosophe.

Nous allons voir cela.

Comme je le disais plus haut, nous avons quatre émotions principales qui sont la colère, la tristesse, la peur et la joie. L'émotion est toujours première, elle nous est grandement utile grâce à son rôle d'avertisseur. Mais il est dommageable qu'une fois son rôle effectué, l'émotion perdure.

Une émotion telle que la peur nous préserve de bien des dangers. Elle nous prévient des risques potentiels que nous courons tout au long de nos journées, de notre vie. Nous pouvons constater l'utilité de la peur, de son rôle d'avertisseur. Une fois l'émotion dissipée, la raison prend le relais et nous pouvons nous rendre compte de ce qui a eu lieu, de ce qui est. Nous avons évité le trou caché par des branchages lorsque notre pied s'est enfoncé sans raison dans le sol, ou le train qui passait alors que le passage à niveau ne fonctionnait pas. Mais il est évident que de vivre dans une perpétuelle peur n'est pas salutaire. Ainsi donc, nous ne pouvons pas réfléchir lorsque l'émotion est présente, seuls l'instinct, les réflexes sont en jeu. Il nous faut pour nous rendre compte de ce qui a eu lieu, de ce qui est, et pour tirer de cet évènement quelques conclusions, sortir de la peur qui, ne l'oublions pas, garde une positivité. Sans la peur, nous ne ferions attention à rien et il me semble qu'à moins d'avoir une chance « infinie », nous ne pourrions prétendre à une durée de vie acceptable.

La colère, de même que la peur, joue un rôle d'avertisseur. Elle naît souvent de l'indignation, d'une injustice, elle dénonce ce qui nous semble anormal, ce qui ne devrait pas être. Une fois passée, la colère laisse place à la raison, à l'objectivité qui nous permet de peser le pour et le contre et de nous faire une idée en pensant par nous-même.

De même que la peur, la colère, si elle persiste, ne mène à rien de bon. Rester dans l'émotion de colère, c'est bien malheureusement trop souvent en venir aux mains et construire l'irréversible. C'est bien la preuve s'il en fallait une que l'émotion ne permet pas la réflexion.

La tristesse n'est pas aussi manifeste que la peur ou la colère, elle nous avertit tout de même, mais cela est plus discret. Il est normal d'être parfois pris de tristesse, nous avons, il est vrai, bien des raisons d'être tristes. La tristesse change notre rapport au monde, elle nous le fait voir dans sa négativité, et l'angoisse, la déprime, la dépression ne sont pas loin. La tristesse est peut-être l'émotion la plus sournoise, elle s'installe en nous sans même que nous nous en rendions compte. Dans la plupart des cas, ce sont nos proches qui nous préviennent. Ils remarquent un changement en nous, un manque d'entrain, de sourire, ou le fameux « c'était mieux avant » qui dénote presque toujours une difficulté de vivre l'instant présent.

La joie est l'émotion que l'on pourrait considérer comme la plus positive. Généralement, nous n'avons aucune crainte à l'égard des gens joyeux, nous avons même tendance à aller vers eux. Cependant, il est parfois bon de prendre quelques précautions, les escrocs, manipulateurs et bonimenteurs de toutes sortes savent bien que la joie agit sur les humains comme sur les insectes une lumière dans la nuit.

Il me semble inutile de parler ici des bienfaits de la joie, elle contribue ô combien à la vie heureuse, mais cela tant qu'elle reste ponctuelle. En effet, si la joie était de tous les instants, la vie en société s'en trouverait quasi impossible. Impossible d'écouter les confidences d'un ami, impossible d'assister à une cérémonie funéraire, et les exemples où la joie est importune ne manquent pas. La joie nous fait exulter, elle est force de vie, pétillante et volontaire et se passe bien de la réflexion. À quoi sert de réfléchir à ce qui ne va pas puisque tout va. Mais considérer à tort que tout va bien ne nous permet pas de réagir aux difficultés qui se présentent.

Maintenant que nous avons quelques notions des émotions, nous pouvons mieux faire la part des choses. Toutefois, il me semble que la tristesse se distingue des autres émotions par sa capacité à s'installer en nous. La peur, la joie, la colère sont souvent brèves, ce qui est moins le cas de la tristesse qui fait volontiers de nous son siège.

Le philosophe parle de l'émotion et le comédien aussi, mais ce dernier apparemment ne sait pas que l'émotion peut être totalement différente selon son origine. L'émotion dont parle le philosophe est issue du réel, alors que l'émotion dont parle le comédien est issue de la fiction, elle n'est donc pas vérité. Cela, le philosophe le sait, alors que le comédien ne s'en doute pas. Il est important de bien séparer le réel de la fiction pour bien comprendre.

Je vais tenter de le faire en faisant l'économie de la complexité car le réel et la fiction mériteraient chacun qu'on leur consacre au moins un livre. Le réel, c'est ce qui advient, ce qui est, ce qui a lieu ou a eu lieu, c'est le résultat de la causalité dont nous voyons les effets, et dont les causes ne sont pas toujours très claires.

Nous sortons de chez nous et nous voyons un homme abattre une femme à coups de revolver. Il me semble que tout individu assistant à une telle scène sera pris d'émotions. Sans doute la peur sera première, suivie de la colère puis de la tristesse, reliées par un sentiment d'impuissance devant le réel. Ce qui est sera à jamais, et nous sommes devant l'inexorabilité de ce sur quoi nous ne pouvons agir, puisque déjà là.

Tout individu est un acteur du réel, et nous endossons tous un rôle, cela est malgré nous, et si même au contraire nous faisions de la vie un jeu et de notre personne un comédien, il n'en est pas de même pour ceux qui nous entourent.

Au contraire, sur les planches d'une pièce de théâtre, les participants sont des comédiens. L'art certes fait naître l'émotion, et celle-ci délivre souvent un message, lequel peut devenir un moteur pour notre réflexion, il n'en demeure pas moins que nous ne sommes pas dans la vérité du réel. Lorsque sur la scène, un homme abat une femme avec un revolver, nous savons bien qu'une fois le rideau fermé, celle-ci se lève et rejoint les coulisses. Il est vrai que cela ressemble au réel, la femme qui tombe sous les coups de feu, tout est là pour que l'on y croit, et évidemment l'émotion nous submerge. Mais cette émotion est le résultat d'un jeu d'acteurs et de la pensée de l'auteur. Il n'y a rien dans cela d'objectif, de factuel, tout est subjectif, imaginaire bien que parfois réaliste. Bien sûr, cela n'enlève rien à la qualité des comédiens, tout au contraire. Ce n'est tout simplement pas le réel, pas la vérité, mais une représentation de ce qui pourrait avoir lieu, ou de ce qui a eu lieu.

Une pièce de théâtre est généralement un dialogue de plusieurs personnes écrit par une seule qui est l'auteur. Une seule personne, donc, en fait parler plusieurs, cela est mis en scène et peaufiné mots après mots pour nous amener à l'émotion. Nous sommes manipulés par l'auteur, et à moins d'être demeurés, nous le savons bien et nous payons pour cela et nous applaudissons aussi. L'auteur nous donne sa vision du monde, sa pensée, il nous oriente, presque nous dirige par le jeu des comédiens eux même dirigés par le metteur en scène lui-même dirigé par les mots de l'auteur. Une belle bande d'escrocs, pourrait-on dire ! Et plus l'escroquerie est grande et réussie, plus nous nous régalons. C'est en cela que l'art est une représentation du réel mais pas la vérité. Nous subissons volontairement la subjectivité, la pensée d'un humain qui avec l'aide de l'émotion nous délivre un message qui pousse généralement à la réflexion. C'est une réflexion qui ne vient pas de nous, elle est orientée, guidée, argumentée, pré-pensée, même pré-digérée. Oui nous pensons alors, mais pas par nous-même. Ce sont des pensées sous influence et j'imagine les dégâts que pourrait faire sur certains d'entre nous un auteur, ou un artiste en général qui aurait des idées malsaines.

J'ai personnellement entendu, lors d'interviews de comédiens, que celui qui jouait le rôle du méchant était parfois insulté à la sortie par des spectateurs. Que nous le voulions ou non, nous sommes influençables et sûrement beaucoup plus que nous ne pourrions l'admettre.

Et c'est pour cela que nous devons comprendre que l'art n'est pas la vérité, dans le sens où il n'est pas le réel mais sa représentation, elle-même issue d'une pensée humaine et donc subjective. Ce que dit un artiste, c'est lui qui le dit, ce que dit un philosophe, c'est lui qui le dit. Le monde, lui, ne dit rien, il est dans l'agir de ce qui advient, il ne réfléchit pas, il est cru, terrible, brutal ou délicieux. Une pièce de théâtre, ou bien d'autres formes artistiques, sont des fictions, elles sont les points de vue d'un artiste, ses sentiments, ses perceptions du monde. Nous avons besoin de cela, mettre des mots, des formes, des images, de la musique sur ce qui nous entoure. Mais la vérité n'est pas là. Elle est la femme abattue sur le trottoir de votre ville, c'est elle la vérité et non pas la femme qui tombe sur les planches d'une scène et qui reviendra quelque temps après, le sourire aux lèvres, pour vous saluer.

Le philosophe s'en est allé en laissant derrière lui un comédien sûr de lui, et peut-être fier aussi. Cette aventure fut bien savoureuse pour le comédien et peut-être bien triste pour le philosophe. Le comédien passera sans doute une très bonne soirée, ne dit-on pas que l'ignorance se suffit à elle-même !

Le philosophe et le comédien.

Il n'est pas de pire sourd que celui qui ne veut entendre.
Mais sans écouter comment peut-on comprendre ?
Aussi intelligent que ce comédien peut se prendre,
Acceptera-t-il qu'il puisse se méprendre,
Se serait somme toute un grand moment,
Si humilité était manière aux bons instants.
Il n'est pas facile sans attention,
D'être pleinement en compréhension.

Le philosophe a bien tenté d'expliquer.
Simplement, clairement, avec peu de mots,
Mais l'autre paraissait bien trop buté
Pour mettre de l'ordre sous son chapeau.
Il est difficile d'entrer en philosophie !
On avance, on se trompe, on fait demi-tour,
On pense avoir trouvé, mais c'était une aporie.
On se calme, on réfléchit, et l'on repart pour un tour.

Ce comédien est bien persuadé
D'avoir raison, forcément, sans aucun doute.
Alors que faire quand il se met à crier,
De mieux que de continuer sa route.
Le sage ne peut chaque seconde,
Pour ceux qui veulent avoir toujours raison,
Offrir ce qu'il découvre des secrets du monde,
Sans leur mettre quelques points de suspension...

Liberté, égalité, fraternité.

D'habitude, la philosophie s'attache à comprendre le réel. Elle doute de tout afin d'aller plus profondément dans la compréhension des objets de son étude. Il est possible donc que vous soyez étonnés par ce texte, mais la philosophie naît de l'étonnement et en ce sens elle restera bien présente dans ces lignes.

Nous allons, au lieu de nous appesantir sur ce qui est, nous pencher sur ce qui pourrait être. Tous les Français connaissent la devise française qui est « Liberté, égalité, fraternité ». Nous allons voir si ces trois concepts résistent à l'usure du temps.

Cette devise, comme toutes d'ailleurs, est le fruit d'une époque, d'un contexte. Mais les années, les décennies, les siècles passent et les mots se galvaudent pour certains, disparaissent pour d'autres, ou se modifient et deviennent par leur utilisation même plus doux ou plus acérés, pour d'années en années s'altérer, si bien que nous finissons par en avoir une perception différente de celle qui faisait sans doute l'unanimité au moment de l'élaboration de notre belle devise. J'utilise à dessein le mot belle, car somme toute, comment ne pas trouver belle une devise qui rassemble en elle la liberté, l'égalité, la fraternité.

C'est pour cela que loin m'est l'idée de changer ou de modifier notre devise mais plutôt, par le jeu de l'esprit, de proposer de remplacer les trois concepts de celle-ci par trois autres concepts en respectant les idées premières de liberté, d'égalité et de fraternité.

Il s'agit là, momentanément, de décrocher ces trois inaccessibles étoiles en les substituant par trois autres plus praticables. Je commencerai par la fraternité, continuerai par l'égalité et je finirai par la liberté, tout d'abord en argumentant les raisons pour lesquelles le concept originel pourrait être remplacé puis en proposant un nouveau concept.

Cela serait amusant avant de lire ce qui suit, que vous vous prêtiez au jeu, puis que vous compariez ce que vous aurez trouvé avec mes propositions.

Fraternité.

La France est un pays judéo-chrétien, je crois que l'on peut dire cela sans blesser personne. Il y a bien entendu des Français de toutes origines et de toutes religions. Mais on dira pour faire simple que la France, même si l'on admet une multi culture, garde une identité qui lui est propre. Bien souvent le culturel et le cultuel se fondent ensemble pour donner la couleur du pays. Ainsi la Bible, le premier et le second testament, représente pour une grande partie des Français un objet de culte, mais plus encore un objet de culture.

Ce livre nous raconte entre autres les débuts de l'humanité. On y apprend qu'un homme a été fabriqué avec de la terre par la divinité, et une femme à partir d'une partie du corps de cet homme.

Voilà Adam et Ève, ce sont eux qui vont fonder l'humanité. Ils auront plusieurs enfants, quelques filles et trois garçons aux noms de Caïn, Abel et plus tard Seth qui est l'ascendant de Noé. Caïn était fermier et Abel éleveur, ils firent chacun une offrande à la divinité. Ce fut l'offrande d'Abel qui plut le plus, et Caïn, fou de jalousie, tua son frère. Il me semble que les deux premiers frères que la terre ait portés n'étaient pas très disposés pour la fraternité !

Ève donne naissance à un troisième garçon don le nom est Seth. Ce petit groupe sera la base de toute l'humanité. L'inceste, par la force des choses, sera de mise pendant longtemps. Il est vrai qu'en France, l'inceste s'il a lieu entre personnes consentantes et de plus de quinze ans n'est pas un délit. Cependant j'ai du mal à penser la fraternité entre frères et sœurs s'ils sont aussi amants. Tuer son frère ne me semble pas non plus le meilleur témoignage de fraternité. Culturellement et cultuellement, si l'on en croit les Écritures, la fraternité fait bien grise mine.

Il faut dire aussi que parfois, les héritages et la fraternité ne font pas bon ménage. Il est fréquent qu'une visite chez le notaire soit cause d'une fratrie perdue.

Alors, sans définitivement prononcer l'inexistence de la fraternité, nous pouvons pour le moins la penser excessivement rare.

Par quoi pourrait-on la remplacer ?

La fraternité, comparée à la gentillesse ou à la tendresse est inatteignable. Elle est un idéal qui dépasse beaucoup d'entre nous, peut-être la trouve-t-on réfugiée parmi les humanitaires. Je doute qu'elle soit le commun de tout un chacun. Ce concept de fraternité est de grande valeur et cela est dommage de ne le savoir davantage praticable.

Je propose donc une autre forme de lien entre les hommes, et ce lien se nomme *solidarité*. Voilà qui est plus simple, plus compréhensible et de fait, plus à la portée des hommes de bonne volonté.
Dans les situations où il va de soi de prodiguer son aide, la solidarité est toujours au rendez vous.
Dans solidarité, il y a le mot solidaire et le mot solide.
Peu importe le panache de la fraternité si les chevaux restent dans les écuries.
Des voisins s'entraident, des bénévoles viennent aider les gens d'un village inondé et souillé par des torrents de boue, une maman amène ses enfants à l'école en prenant avec elle ceux de sa voisine, dans toutes ces situations, c'est de solidarité dont il est question.
Mettre l'action de solidarité à notre portée, c'est quand il s'agit de faire du bien, rendre possible le meilleur.

Mais si nous parlions d'égalité !

Égalité.

Tout le monde connaît ce mot, mais sommes-nous sûrs que nous n'ayons pas affaire à un fantôme ? Avons-nous vu un jour et ne serait-ce qu'une fois deux objets strictement égaux ? La réponse se trouve dans ces deux questions, mais continuons.

Nous allons en premier lieu évoquer un philosophe du premier siècle. Philosophe romain, Stoïcien, que je n'hésite jamais à citer. Je vous livre ici un extrait d'une lettre de Sénèque à Lucilius.

« Entre toutes les raisons qui font admirer le génie de l'artisan divin, je retiens celle-ci : que parmi tant d'ouvrages il ne fait jamais le même ; les choses qui paraissent semblables, lorsque tu les rapproches, elles sont différentes. Il a fait tant de sortes de feuilles, et il n'en est aucune qui n'ait sa marque particulière ; il a fait tant d'animaux et il n'en est aucun dont la forme soit exactement la même que celle d'un autre. Il s'est imposé cette loi que toutes les choses distinctes soient aussi différentes et dissemblables. »

Sénèque nous fait part de ses observations, dans la nature, toutes choses sont singulières. À cette époque, il suffisait de fermer sa porte et de faire quelques pas sous le ciel pour se trouver dans la nature. La terre comptait autour de trois cents millions d'individus, ce qui comparés avec nos huit milliards laisse entendre que les hommes avaient ce savoir vivre avec la nature que par force industrialisation nous avons grandement perdu. Il est vrai que dans ce texte, Sénèque s'interroge plus sur cette capacité que l'artisan divin a de ne pas faire deux choses semblables, plutôt que sur une stricte égalité. Mais cela, pour le sujet qui nous occupe, revient sensiblement au même.

Allez, nous filons au dix-septième siècle, à la rencontre du philosophe, scientifique, mathématicien, logicien, diplomate, juriste, bibliothécaire et philologue allemand Gottfried

Wilhelm Leibniz. Il nous dit que deux objets, deux couteaux par exemple ne sont jamais indifférents, l'indifférence entre deux objets étant l'absence de différence entre eux. En bien les observant, en les examinant de près, on trouvera toujours une particularité à l'un qui le distinguera de l'autre.
Décidément l'égalité est difficile à trouver.

Allons faire un tour au dix-huitième siècle chez un certain philosophe allemand nommé Emmanuel Kant. Il nous propose la formule suivante : A égale B, puis il nous dit que cette formule ne peut pas être juste, que A ne peut pas être égal à B puisque A n'est pas B. Que dire de cela sinon que c'est pure logique.

Quittons maintenant Emmanuel Kant et raisonnons un peu. A n'égale pas B puisque A n'est pas B, cela nous pouvons en convenir, mais on pourrait penser que A égale A et que B égale B, c'est-à-dire que A et B sont égaux à eux-mêmes. Cela me semble mathématiquement possible, mais qu'en est- il du réel ?
Ce qui est vrai dans un paradigme ne l'est pas toujours dans un autre. La mathématique nous aide à comprendre le réel, cependant elle n'est pas son reflet. L'impermanence comme usure n'a pas de prise sur les chiffres et les nombres, par contre, nous voyons sa trace partout autour de nous. Que ce soient les espèces animales, végétales, elles apparaissent, se modifient, disparaissent au gré des siècles, rien ne dure. L'impermanence est peut-être plus simple à comprendre que le devenir. Nous allons tenter en quelques mots de rendre accessible ce dernier.

Au fur et à mesure nous changeons, nous vieillissons, nous nous améliorons ou nous nous dégradons. Le fait est que nous ne sommes jamais égaux à nous-mêmes. Nous sommes différents de la semaine dernière et différents de la semaine prochaine. Toujours en devenir, toujours moi-même mais jamais semblable à moi-même.

Ce qui fait que dans le réel, une chose ne peut pas être égale à elle-même parce que toujours dissemblable, toujours en devenir.

L'égalité n'est donc pas de mise.

L'égalité est source d'injustice. Je n'en donnerai qu'un seul exemple. Est-il normal que par souci d'égalité, un jeune homme alors qu'il a travaillé la terre toute la journée, ait au dîner la même quantité de nourriture que moi qui n'ai ni le même âge ni la même activité ? Bien sûr que non n'est-ce pas ! Pourtant l'égalité sous-entend le contraire.

Nous pensons que l'égalité existe parce que nous réduisons les choses à leurs points communs.

Ainsi, si vous êtes un mâle humain, nous sommes, vous et moi, égaux. Voilà, il suffit de réduire deux objets à leurs points communs pour les faire égaux.

Combien de fois ai-je malheureusement entendu, par sottise, des femmes dire que tous les hommes se valent, il n'y en a pas un pour sauver l'autre ! Mais quittons vite ce terrain.

L'égalité entre femmes et hommes ne me paraît pas plus plausible. Pas plus d'ailleurs qu'entre deux femmes ou deux hommes. Alors l'on dit que c'est de l'égalité de droits dont il est question. Ce à quoi nous pouvons répondre que les femmes n'ont pas tout à fait les mêmes droits que les hommes, ne serait-ce que parce qu'elles donnent naissance aux enfants.

Et l'égalité au niveau des salaires ? On pourrait penser que pour le même travail, une femme devrait recevoir le même salaire qu'un homme. Cela serait une égalité restrictive, car pourquoi une femme pour le même travail qu'un homme ne pourrait pas être payée plus qu'un homme ? Peut-être serait-il bon, par exemple, pour compenser la charge de travail familial, que le salaire soit valorisé.

Nous voyons là que l'égalité, si elle part d'un bon sentiment pose pas mal de problèmes.

Voilà le moment est venu de vous proposer de substituer le mot égalité par...

L'équité.

Je ne pense pas qu'il nous soit utile d'expliquer longuement ce qu'est l'équité. Il s'agit, lorsque l'on partage, de tenir compte de la singularité de chacun.

Il semblerait par exemple normal qu'une personne riche paie plus d'impôts qu'une personne pauvre, ou achète un peu plus cher une place de théâtre afin qu'une personne pauvre puisse l'acheter moins cher.

L'équité demande de la réflexion. Il n'est pas toujours évident d'être équitable, l'égalité est plus facile, et cela ne serait pas si mal si elle était respectée.

Le général Charles De Gaulle disait : « tout Français désire bénéficier d' un ou plusieurs privilèges, c'est leur manière d'affirmer leur passion pour l'égalité. »

Liberté.

La liberté est une idée commune, chacun de nous lui déclare un goût particulier. Nombre de philosophes en ont donné une définition, c'est-à-dire leur définition. Nul doute que la liberté soit recherchée comme autant d'objets précieux. Mais est-elle toujours bonne ?

Si par exemple quelqu'un vous dit, moi j'ai tout ce que je veux, il me suffit de prendre où se trouve ce dont j'ai envie. Bon, certains diront que c'est du vol, ils exagèrent. Je peux avoir du sexe avec qui je veux, il suffit juste de forcer un petit peu. Bon, certains diront que c'est du viol, ils exagèrent. Et puis j'habite où je veux, il suffit d'un petit peu déplacer ceux qui habitent là, les propriétaires, ou peut-être un petit peu les tuer mais enfin quelque part, on est libre ou non, il ne faut quand même pas exagérer !

Finalement, il n'y a pas plus libre qu'un individu qui raisonnerait comme cela.

Peut-on penser possible cette forme de liberté ? Bien sûr que non, si l'on en croit la maxime : ma liberté finit où commence celle des autres.

Il y a l'idée que l'on se fait de la liberté, il y a ma liberté, ta liberté, mais la liberté ne serait-elle pas un état d'esprit ? Il me semble qu'elle dépend de notre subjectivité, nous la faisons exister ou non.

Mettons quatre personnes ensemble et faisons leur subir une même difficulté. Elles ne réagiront pas toutes les quatre de la même façon, certaines se sentiront coincées tandis que d'autres se sentiront parfaitement libres. Nous sommes dans la sensation.

La liberté est corrélée au plaisir et à la volonté, le vouloir.
Si je suis obligé de travailler le jardin d'un autre, je n'en retirerai aucun plaisir, aucun sentiment de liberté. Par contre si jardiner est de ma volonté et que je retire du plaisir de voir mes légumes, mes fruits, mes fleurs, alors j'aurai en moi un sentiment de liberté.

Plusieurs facteurs s'opposent à la liberté. L'un deux est la sécurité. Lorsque la sécurité est là, la liberté recule.
L'exemple le plus simple est peut-être le code de la route.
Toutes les lois qui nous sécurisent nous empêchent. Mais cela n'est pas forcément un mal, je crois. Il me semble que la sécurité si elle empêche la liberté permet par contre d'éviter bien des souffrances.
Le facteur le plus important s'opposant à la liberté est la contrainte. Autant dire tout de suite que la liberté n'existe pas, ou alors en tant que concept, mais comme dit Baruch Spinoza, le concept de chien n'aboie pas !
Je pense qu'il n'y a que de la contrainte. S'il y a beaucoup de contrainte, il y aura peu de liberté. S'il y a peu de contrainte, il y aura beaucoup de liberté. Ce qui n'est pas de la contrainte, nous appelons cela liberté. Nous avons tendance en occident de percevoir de manière dualiste. Nous pensons que le contraire de la liberté est la contrainte, et vice versa. Il me semble préférable de raisonner en termes d'absence et de présence. C'est-à-dire présence de contrainte égale absence de liberté, et absence de liberté égale présence de contrainte. C'est un jeu d'absence et de présence.

Prenons l'obscurité et la lumière, l'un n'est pas le contraire de l'autre. L'obscurité est tout simplement l'absence de lumière. Nous retrouvons ce jeu d'absence et de présence. Pour en revenir à la contrainte, nous appelons liberté son absence. Nous avons créé la liberté pour exprimer l'absence de contrainte, mais elle n'existe qu'en tant que concept. Il me semble que lutter pour la liberté est moins efficace que lutter contre les contraintes, et cela change tout. Une fois les contraintes éliminées, nous pouvons donner existence à ce que l'on nomme liberté.

Mais de fait se dégage un grand problème qui est que si je ne suis pas libre parce que la liberté n'existe pas et qu'il n'y a que de la contrainte et de la causalité, ma responsabilité n'existe pas non plus. Pourtant, pour qu'une justice puisse avoir lieu, il faut bien que je sois responsable, donc libre de mes faits et gestes et par conséquent sanctionnable. C'est cette absence supposée de libre arbitre qui va permettre à Laurent de Sutter de nous proposer le concept d'irresponsabilité. Mais pour qu'un pays, une société, une tribu même puisse fonctionner tant bien que mal, une justice paraît nécessaire. Donc nous sommes condamnés à penser la liberté possible. Je nommerai deux philosophes qui ont permis cela, il s'agit de Baruch Spinoza et de Jean-Paul Sartre. Il a fallu le génie de ces deux hommes, avec certes des chemins différents, pour Baruch Spinoza l'intelligence de la nécessité qui est l'orientation de nos actions, et pour Jean-Paul Sartre la conscience qui fait naître ce néant qui est l'espace contenu entre moi et moi-même, ce qui lui fait dire que nous sommes condamnés à être libre.

Il me semble que si deux génies sont nécessaires pour donner existence à la liberté, cela m'autorise à en douter.

Albert Einstein a prononcé un jour une petite phrase qui me permit de comprendre beaucoup de choses. Cette phrase était, « tout est relatif ». Cela ne paraît rien, mais il découle de ces trois mots toute une série d'observations.
Dire que tout est relatif revient à dire que tout est en relation. Cela me fait penser à une phrase de Bossuet : rien ne naît par lui-même ni ne vit par lui-même, et si j'osais je rajouterais : ni ne vit pour lui-même. L'inter-action est toujours présente, est vivant celui qui prend du pas-lui pour en faire du lui. Lorsqu'un enfant mange une banane, il prend du pas-lui pour en faire du lui. sans inter-action pas de vivant ! Inter-action pour que nous soyons nous-même, et nous-même sommes la conjonction de tout ce qui nous entoure. Nous sommes, dit-on, et le mot est joli, poussières d'étoiles.

Tout est relatif, donc tout est en relation, donc l'absolu n'existe pas puisque l'absolu est ce qui n'est en relation avec rien. Penser l'absolu inexistant, c'est ouvrir un champ des possibles tout en fermant le champ des probables, en particulier les métaphysiques cosmogoniques.
Dans notre monde où tout est en relation, où tout a besoin de tout, où tout agit sur tout, comment peut-on imaginer la liberté possible ?
La liberté serait le mouvement perpétuel, si ce mouvement existait nous n'aurions plus de problème pour nous approvisionner en énergie.
À ce point de notre réflexion, le moment est venu pour moi de vous proposer une alternative à ce mot de liberté.

Je pense que l'on peut se mettre d'accord sur une chose, qui est que même si pour moi la liberté n'existe qu'en tant que concept, on peut penser comme recevable que celui qui est en prison est moins libre ou plus contraint que celui qui peut aller et venir dehors à sa guise. On peut dire que l'un des deux a moins de contraintes que l'autre, ou si l'on veut, plus de liberté. La question que l'on peut se poser est, comment faire pour avoir le minimum de contraintes, ou si l'on veut, le maximum de liberté ?

Pour avoir la réponse, il nous faut retourner au premier siècle écouter ce que nous préconise Sénèque. Il nous dit qu'il nous faut observer trois points.
Le premier point est d'observer les mœurs du pays dans lequel nous sommes. Les usages, les coutumes et en particulier la sexualité ne font pas l'accord de tout un chacun sur le globe. Il est bon donc si l'on veut vivre tranquille ou simplement vivre, de ne pas déroger au diktat ambiant. Il est à remarquer qu'à notre époque encore, sous certaines latitudes, la peine de mort est d'usage pour l'homosexualité.
Le deuxième point est d'observer les lois du pays où nous sommes. Les lois et les sanctions diffèrent d'un pays à l'autre, pour de multiples raisons telles que la géographie, le climat, la culture, la religion etc...
Voilà les deux premiers points à observer si l'on ne veut pas souffrir les sanctions des sociétés.
Le troisième point serait d'être vertueux, d'observer la vertu.

La vertu.
La vertu a une connotation religieuse, mais point n'est besoin d'être croyant ou d'être religieux pour être vertueux.

Nous allons choisir parmi les vertus l'une d'elles que tout le monde connaît : le courage.

Une vertu est le juste milieu, elle se situe entre deux extrêmes. Le courage est juste entre la lâcheté et la témérité. Mais attention, lorsqu'on parle du juste milieu, on imagine presque toujours un segment de droite où, pour le courage, les extrémités seraient la lâcheté et la témérité. Imaginons maintenant ce segment de droite souple comme un cordon. Donnons une transcendance au courage en tenant par le centre le cordon entre deux doigts et en le montant. Nous observons que le courage est toujours au milieu et que la lâcheté et la témérité se trouvent toujours à la même distance du courage. Par contre, les deux extrêmes sont bien proches et le courage bien plus haut. Ce qui prouverait s'il le fallait que les extrêmes se rejoignent par leurs médiocrités.

Définir la vertu en disant qu'elle est le juste milieu ne suffit pas, une autre définition est nécessaire. Le courage en effet est une belle vertu mais qu'en est-il du courage qui permet d'acter les pires méfaits ? Cet aller vers un dépassement de soi qu'est le courage ne semble pas assigné seulement pour la bonne cause.

Une autre définition va nous permettre de faire la part des choses, c'est la définition de l'homme vertueux.

Est vertueuse la personne qui est disposée à faire le bien et à fuir le mal.

C'est-à-dire que la vertu consiste à éviter le mal. L'on pourrait me rétorquer, mais qu'est-ce que le mal ? Il me suffit pour répondre à cela de vous dire une phrase de Jean-

Jacques Rousseau que tout philosophe devrait avoir en tête :
« L'homme honnête n'a pas besoin de lire les ouvrages des philosophes pour juger du juste et de l'injuste. »
Cela est clair, bien souvent un peu de bon sens suffit.
Quant à l'expression, être disposé à faire le bien, cela ne signifie pas qu'il faut faire le bien à tout prix, mais que si l'occasion s'en présente, il serait dommage d' hésiter.

Imaginons l'espace d'un moment un monde vertueux où chacun serait au mieux de ce qu'il peut être. Il en serait sans doute fini entre autres des guerres, des prisons et de la faim, de la souffrance infligée et de celle ignorée. Tout irait pour le mieux dans le meilleur des mondes et pour une fois cela serait vrai.

Voilà, nous avons fait le tour de notre devise
  liberté, égalité, fraternité,
nous avons proposé trois autres concepts qui sont,
  vertu, équité, solidarité.

Bien sûr notre devise restera telle qu'elle est mais il me semble que de penser
  la liberté plus vertueuse,
  l'égalité plus équitable
  et la fraternité plus solidaire
  ne nuit en rien à l'idée que nous pouvons avoir d'une France belle, bonne, juste et vraie.

Je vous propose une liste des vertus et de leurs extrêmes.

Vertus		Extrêmes
Courage	→	Lâcheté / Témérité
Gratitude	→	Mépris / Reconnaissance
Douceur	→	Dureté / Mollesse
Justice	→	Laxisme / Zèle
Simplicité	→	Complexité / Épure
Fidélité	→	Papillonnage / Fanatisme
Humilité	→	Vanité / Effacement
Prudence	→	Assurance / Crainte
Générosité	→	Avarice / Prodigalité
Humour	→	Factuel / Bouffonnerie
Tempérance	→	Démesure / Rigidité
Compassion	→	Détachement / Allocentrisme
Tolérance	→	Impartialité / Laxisme
Amour	→	Indifférence / Adoration
Bonne foi	→	Malhonnêteté / Bonté
Pureté	→	Corruption / Incorruptibilité

Aux larmes citoyens.

Et toi, tu t'es vu courir au supermarché,
Remplir ton chariot de toutes tes frustrations,
Louer en ce temple le dieu des promotions ?
Est-ce cela que tu appelles liberté ?

Et l'égalité, existe-t-elle vraiment ?
Dirais-tu ce jour si tu l'avais rencontrée,
Pourquoi les hommes n'ont pas toujours à manger,
Pourquoi le handicap conjugue le présent ?

Sur notre planète nous sommes tous frères,
À part parfois ceux nés de la même mère.
La fraternité n'est pas souvent de mise !

Et si nous utilisions, juste en pensée,
Afin que brille notre belle devise,
La vertu, l'équité, la solidarité ?

Et être éphémère, qu'est-ce que ça te fait ?

Que la vie est dure ! Comme il est difficile d'y faire son trou ! Chaque jour sa peine ! Aujourd'hui pire qu'hier et mieux que demain ! À entendre tout cela, l'on se demande pourquoi nous trouvons la vie si courte, nous devrions plutôt nous en réjouir, est-il raisonnable de continuer à user nos semelles sur un si triste sol ?
Si nous trouvons que la vie est éphémère, est-ce par regret de la sentir si fugace, ou est-ce à cause de la peur de mourir ? Car enfin, il est quand même rare me semble-t-il, que le déroulement de notre vie ne soit pas parsemé de moments particulièrement désagréables.
Il semblerait, si l'on se fie à notre capacité à résister, qu'être vaudrait mieux que de ne plus être. Ainsi donc nous passons sur ce que Jacques Higelin appelait les petites mesquineries de la vie. Nous passons aussi sur des évènements particulièrement douloureux psychologiquement et physiquement, et malgré tous les déboires et les fâcheuses situations, certains d'entre nous qualifient quand même d'éphémère la vie.

Le mot éphémère vient du grec, épi qui signifie pendant et héméra qui signifie le jour.
Cela nous donnera l'éphéméride qui est l'ensemble des évènements qui ont eu lieu pendant un jour déterminé.
Les insectes éphéméroptères nommés ainsi en raison de leur faible longévité, une fois adulte, ont une durée de vie de

moins de cinq jours, voire de quelques heures. Cependant les insectes éphéméroptères sillonnent le globe terrestre depuis 300 millions d'années. Si nous pouvons entendre la brièveté de ces créatures sans trop nous en étonner, leur pérennité sur terre laisse rêveur. De toute évidence, l'espèce y trouve son compte, sûrement au détriment des individus.

L'éphémère donc désigne ce qui est passager, fugace, fugitif, évanescent. Si l'on écoute la définition, ce que l'on appelle éphémère n'aurait une durée d'existence que d'une journée. Nous sentons naturellement que le temps est directement impliqué dans notre ressenti de l'éphémère. Mais qu'est-ce que le temps ?

Nous avons pour habitude de partager le temps en trois parties, le passé, le présent, l'avenir. Mais pouvons-nous dire que ces trois parties existent réellement ?
Pour l'avenir, il est facile de convenir de son inexistence, puisque nous sommes toujours au présent. Nous vivons, nous actons au présent et jamais au futur.
Le présent, lui, à peine est-il qu'il n'est plus. Il se transforme immédiatement en passé ce qui ne lui donne aucune existence.
Reste le passé qui, lui, n'existe pas parce qu'il n'est plus, tout ce que nous pouvons dire du passé est que nous gardons de lui séquelles et souvenirs.

Le temps reste une énigme dont chacun croit connaître la réponse, un certain Aristote nous en donne sa définition : Le temps, c'est le nombre du mouvement. Cela demande un peu d'explication.

Le nombre du mouvement.

Le temps, c'est du mouvement, il est donc astucieux de déterminer le temps par rapport au mouvement. Prenons un exemple simple.

Notre planète terre tourne autour du soleil. À chaque tour se succèdent les saisons, au nombre de quatre, si nous sommes en occident les saisons seront l'hiver, le printemps, l'été, l'automne.

D'autre part, la terre tourne sur elle-même avec une alternance de jour et de nuit. Nous appellerons cette alternance jour nuit, une journée.

Nous appellerons l'ensemble des quatre saisons une année, ce qui correspond au tour que fait la terre autour du soleil. Un tour autour du soleil est égal à quatre saisons qui sont ensemble égales à une année. Il ne reste plus qu'à compter le nombre de tours que fait la terre sur elle-même pendant un an pour connaître le nombre de journées contenues dans une année. Je ne vous surprendrai pas en vous disant que l'on en compte 365. Cela maintenant nous paraît simple, mais rappelez-vous, il y a peu de temps, certains pensaient que le soleil tournait autour de notre terre !

Il me semble que, si nous avons progressé technologiquement parlant, notre cerveau à bien des égards n'a rien à envier à ceux que l'on nomme nos anciens.

Chacun de nous avons entendu dire, ne serait-ce qu'une fois, que tout est éphémère. Ce n'est pas mon avis. Je n'arrive pas à penser qu'une montagne soit éphémère, car quelques heures, quelques jours, ne sont pas sa durée d'existence. Il me semble qu'il serait plus juste de dire, cela principalement en raison de l'érosion, qu'une montagne est impermanente, malgré les milliers d'années qu'il lui faudra pour disparaître. Tout est impermanent, y compris ce qui est éphémère. Nous employons le mot impermanent pour désigner les objets qui ont une durée d'existence très longue, par exemple des monuments anciens tels que théâtres antiques ou arènes.

L'impermanence s'applique à ce qui pourrait à cause de sa stabilité dans le temps, nous paraître éternel, mais qui cependant ne l'est pas, comme par exemple un fleuve, par contre l'éphémère ou l'éphémérité désigne ce qui en quelque sorte ne fait que passer.

Il y a de l'affect dans l'éphémère. En posant la question « qu'est-ce que ça te fait d'être éphémère ? », que disons-nous ?

Peut-être demande-t-on, qu'est-ce que ça te fait de ne pas vivre autant que tu le voudrais ? Ou alors, qu'est-ce que ça te fait de savoir qu'un jour tu ne seras plus ?

Dans ces deux interrogations, il est question d'un temps subjectif et non pas objectif.

Car accordons-nous qu'une vie d'homme, si on la considère au point de vue de sa durée, n'est pas la vie d'un éphéméroptère. Alors pourquoi pensons-nous que nous sommes éphémères ?

Cette pensée de notre éphémérité est directement liée à un sentiment d'injustice. Il est pour nous par trop injuste de décéder, même si l'inéluctabilité du fait ne nous échappe pas. Nous prenons pour vérité que notre vie, si longue soit-elle, est toujours trop brève.

J'ai plusieurs fois eu l'occasion d'assister à la démonstration suivante.

Un conférencier, devant un tableau, tient une craie. Il y trace au beau milieu un trait assez court, en nous disant, voici une vie humaine. Puis il écrit à la gauche et à la droite du trait le mot néant. Il se retourne avec un sourire dépité et nous fait remarquer qu'entre deux néants la vie est bien courte.

Cela ne m'apparaît pas comme une totale erreur, cependant je ne partage pas ce point de vue sur notre finitude. Tout d'abord parce que le néant n'existe pour moi que sous la forme de concept. Je me demande pourquoi ce qui est le rien absolu serait quand même ? Mais passons.

Ce qui m'étonne aussi, c'est ce positionnement majoritairement entendu de notre singularité. Comme si nous étions nés de rien ! Comme si le déterminisme, la causalité, la nécessité, l'inter-action et l'inter-dépendance étaient des vues de l'esprit ! Personnellement, je perçois la vie comme un continuum. Chacun de nous est le résultat de la rencontre entre deux êtres, une femme et un homme ainsi que le sera notre descendance. Nous sommes donc, chacun de nous, un maillon de l'une des nombreuses chaînes qui ont pour origines les premières bactéries.

Si nous étions immortels, nous serions cent milliards sur terre. Ce serait un challenge improbable. Notre nombre serait la cause de notre disparition. Nous comprenons là que la mort est nécessaire pour que la vie soit. La mort est non seulement « l'aphrodisiaque de la vie » comme nous dit Sylvain Tesson, mais la possibilité même d'exister. La vie est une sorte de course de relais, de maillons en maillons nous passons à ceux qui nous succèdent gènes, chromosomes, cellules, comme nous les avons reçus de ceux qui nous ont précédés. Certaines personnes pensent, ayant une descendance, que celle-ci leur permettrait de perdurer. Cela est psychologiquement discutable mais biologiquement non recevable. Nos enfants ne sont pas issus seulement de nous, mais du couple que nous avons formé et qui a rendu possible la naissance de ceux-ci. Ils auront donc pour faire simple 50 pour cent de chacun de leurs parents. Le fils de mon fils, 25 pour cent, et ainsi de suite jusqu à plus rien. La génération est donc une bien piètre solution pour continuer à être.

Au cœur de la vie, la mort est omniprésente.

La mort est nécessaire et c'est pour cela même que le plaisir sexuel est là. Notre espèce a besoin pour perdurer de la reproduction, et le meilleur moyen qu'elle a trouvé pour arriver à ses fins est le plaisir sexuel, en particulier l'orgasme féminin. Mais je ne voudrais pas ouvrir un autre sujet sans le traiter pleinement.

Lors d'un documentaire de Patrick Jeudy, intitulé « Appelez moi Mademoiselle », Amanda Lear disait à propos de Salvador Dali :
« - Dali me regarde, et dit, « oh vous savez ma chère, vous avez la plus belle tête de mort que j'ai vue ! » et donc moi, l'histoire de la tête de mort ça m'a un peu chiffonnée, j'ai passé deux heures à me maquiller pour qu'on me traite de tête de mort mais c'était pour lui un compliment.
  - L'interviewer dit : il parlait de votre squelette.

- Amanda Lear répond : voilà, le squelette, c'est ça qui l'intéressait. »

Et je ne résiste pas à vous donner une petite partie du livre Fatras de Jacques Prévert.
« Comme cela nous semblerait flou, inconsistant et inquiétant une tête de vivant, s'il n'y avait pas une tête de mort dedans. »

Connaissez-vous l'histoire de l'homme qui rencontre un squelette ?
L'homme lui dit « qui es-tu ? » et le squelette répond, « je suis ce que tu seras et j'étais ce que tu es. »

L'éphémérité est une expérience humaine.

Nous sommes, dit-on, nous, espèce humaine, les seuls à savoir que nous allons mourir. Les animaux, eux, ne le savent pas. C'est du moins ce qui est communément admis. Je serai plus nuancé. Il me semble tout de même qu'ils ressentent au moment de mourir quelque chose comme une intuition de ce qui advient. Mais l'éthologie est une science que je ne saurais maîtriser. Toutefois, dire qu'un animal ne passe pas sa vie à envisager les circonstances de sa mort, à appréhender le moment où cela arrivera, à se gâcher beaucoup d'instants sereins par l'angoisse de sa finitude, ne me paraît pas non recevable.
Seul l'homme peut, par ses connaissances et son imagination, se faire une idée souvent fausse de ce qui l'attend.

Il sait sa condition qui est finalement en savoir assez sur elle pour comprendre qu'il ne sait pas grand-chose.
C'est ce doute en lui qui le fait se penser éphémère.
Il ne peut contrôler la durée de sa vie qu'en l'abrégeant. Mourir sans l'avoir décidé, c'est toujours mourir trop tôt. La finalité de notre existence devient floue à cause de l'impossibilité de contrôler notre finitude.
De plus, au fur et à mesure de notre progression dans la vie, nous subissons l'étonnant phénomène qui est d'avoir la sensation que tout s'accélère. Cela peut s'expliquer de la manière suivante.
Avant, nous étions dans une société de tradition, on était dans une routine régie par la loi des ancêtres et la loi des dieux.
Maintenant, on est dans une société de changement, d'innovation avec une organisation marchande et démocratique, on est dans l'éphémère.

Un exemple de sensation d'accélération :
Prenons une savonnette de 100 grammes, supposons que nous en utilisions 5 grammes par jour. Logiquement, la savonnette devrait durer 20 jours, cela est la raison même, mais au fur et à mesure que les jours passeront, les 5 grammes journaliers représenteront 5 pour cent de la savonnette, puis le 19ème jour 50 pour cent et finalement 100 pour cent le dernier jour. Nous aurons l'impression que la savonnette disparaît précipitamment en nous donnant une sensation d'éphémérité.
Cette sensation s'applique aussi pour nous. Plus nous vieillissons, plus nous ressentons les mois et les années défiler rapidement.

Cela provient du fait qu'une année passée pour une personne de 10 ans représente un dixième de sa vie, alors que pour une personne de 60 ans, cela représente un soixantième, plus nous avançons en âge, plus les années nous paraissent courtes.

Que la vie soit éphémère, cela est subjectif, mais que la vie soit précaire, cela est objectif, et c'est, il me semble, cette précarité qui nous la fait penser éphémère.

La non connaissance de la fin de notre vie, l'anxiété due au fait de ne pas savoir si nous nous accomplirons, la fragilité de ceux qui nous entourent et la méconnaissance du sens de la vie, tout cela contribue à nous la faire penser éphémère.

Je me souviens, en atelier, une dame de 80 ans passés me disait « la vie est longue, nous pouvons toujours nous parfaire. »

Voilà preuve de la complexité et de la multiplicité humaines. Nous ne ressentons pas tous de la même façon s'écouler notre vie.

Selon notre capacité à nous ennuyer ou non, le temps chronologique, c'est-à-dire celui des horloges, passera plus ou moins vite.

Selon notre état, le temps paraîtra long pour un corps en souffrance ou le contraire, c'est le temps biologique.

Les saisons et la localisation géographique du lieu de vie jouent sans doute sur notre psychologie. Nous marchons tous avec la mort dans notre poche et il me semble que l'on met plus facilement le mouchoir sur elle lorsque le soleil brille.

Dans le livre de Laurent Gounelle « Le réveil », nous pouvons lire :

« Avicenne était un grand buveur. Il buvait tout le temps sans jamais être saoul […]

Un jour quelqu'un lui dit :

- mais enfin, Avicenne, vous êtes quand même médecin, vous êtes conscient que boire autant, ça va réduire la longueur de votre vie.

Avicenne répond :

- moi, ce qui m'intéresse, ce n'est pas la longueur de la vie. C'est sa largeur. »

Nous avons peut-être trop tendance à penser notre vie en terme de longévité, la longue vie devient synonyme de belle vie. Puisqu' apparemment Avicenne aimait boire, je pense pouvoir dire sans doute comme il aurait pu le dire lui-même, que la vie est telle qu'un pichet, ce qui compte n'est pas sa longueur mais très certainement ce qu'il contient.

Avicenne nous donne une autre notion de qualité de la vie. Il n'y a pas que la longueur qui compte, il y a aussi la largeur, c'est-à-dire l'ampleur.

Mes propos, vous l'aurez compris, ne sont pas un éloge à l'alcoolisation, à chacun ses plaisirs et ses addictions. Mais cette pensée d'une vie valant la peine d'être vécue, non pas par sa longueur mais par son ampleur, non pas par sa quantité mais par sa qualité, cela me semble une notion à ne pas négliger.

Nous pensons tous que la vie commence à la naissance et se termine au décès. Cela est incontestable, c'est l'implacabilité du réel, mais la réalité peut ne pas être de même. Notre vie dans notre réalité est telle que nous la percevons. Si nous la pensons agréable elle le sera, de même si nous la percevons difficile elle le sera. Notre réalité fait que les choses étant ce qu'elles sont, ces choses répondent aussi à la perception que l'on en a.

Ainsi donc nous pouvons augmenter la longueur de notre vie en faisant quelques excursions dans le passé. Comment ? me direz-vous. La réponse est : tout simplement en lisant !

Lorsque nous lisons les anciens, nous nous projetons dans le passé et nous sommes avec eux, bien sûr par l'intellect, mais encore une fois ce que nous percevons, ressentons, apprécions devient notre réalité. Nous pouvons ainsi augmenter non pas vers l'avant mais vers l'arrière notre vécu même si celui-ci n'est pas du domaine du réel.

Il ne s'agit pas là de maquiller le réel, mais de donner à notre réalité une dimension de profondeur nous permettant d'accéder à plus de bien-être.

Vouloir laisser une trace de soi, un enfant, une œuvre d'art, une œuvre littéraire, passer à la postérité, serait-ce une façon de ne pas être éphémère ?

Le titre de ce chapitre est une question d'une participante de l'atelier philo que j'anime ; le sujet vient d'elle et je ne peux par ma réponse lui faire l'économie en ce moment présent de ma pensée à ce sujet. Puisqu'écrire, cela revient à parler sans que quiconque ne puisse vous couper la parole, je vais me permettre de formuler avec moindre embarras mon point de vue sur la postérité.

Vouloir laisser une trace de soi, serait-ce une façon de ne pas être éphémère ?

Je me permets de dire, oh la belle affaire ! Que peut apporter la postérité ? Une fois décédé, que voulez-vous que je fasse d'une certaine célébrité puisque par définition je ne serai plus, ni là ni ailleurs. Gilbert Cesbron écrivait dans « Une sentinelle attend l'aurore » : « le plaisir des morts c'est de moisir à plat. » La postérité n'est pas un souci pour eux.
C'est donc de notre vivant que cette volonté nous tenaille ; voilà une belle vanité, me prendra-t-elle un jour ? Je ne le souhaite pas. Je ne trouve aucun intérêt à cet orgueil dérisoire qui est l'affirmation de notre peur de la mort.
La postérité n'est pas toujours lumineuse, certains d'entre nous pâtissent des exactions commises par leurs ancêtres. Avoir pour parents même lointains des êtres qui ont été malfaisants, ce n'est pas un cadeau. Être moqués, bousculés, pointés du doigt pour ce dont nous ne sommes pas responsables, quel calvaire !
Tirer un bénéfice du fait que l'un de nos parents a de son vivant rendu son nom célèbre, cela n'est pas toujours enviable.
Certains passent à la postérité sans l'avoir désiré. Si cela devait m'arriver, et que cela ne gêne en aucune façon ma descendance, peu m'importe alors.
Laisser quelque chose par-delà notre mort en pensant faire la nique au temps, quelle médiocrité ! Je ne pense pas que les artistes et les hommes de science en général aient créé en vue d'obtenir un passe pour l'immortalité. Ils étaient tout à leur art, parfois dans une transcendance les faisant devenir eux-mêmes art. Qu'un artiste ou un écrivain pense avec une

certaine envie que ses œuvres puissent apporter quelque chose aux générations futures, je vois là un bel intérêt. Que les œuvres gratifient de quelque manière ceux qui les ont faites, je n'y vois rien à redire. Par contre, se mettre au travail en espérant y trouver une vie éternelle, cela me paraît la pire des vanités.

Faire ou plutôt avoir des enfants n'a pour moi aucun autre intérêt que d'avoir des enfants. Arthur Schopenhauer dirait que nous obéissons à l'espèce qui, elle-même, obéit à cette volonté qui s'exerce sur toutes choses, mais soyons simples. Très honnêtement, qui de nous a véritablement une idée juste de qui étaient ses arrière-grands-parents ou même ses grands-parents ?

La postérité est un jeu de dupes qui, à mon avis, ne peut séduire que les faibles.
Laisser en souvenir un texte relatant sa vie pour ses petits-enfants comme je l'ai vu faire par une dame de ma connaissance, pourquoi pas ! Il me semble juste que celui qui crée le fasse dans un esprit de partage car il est bon de son vivant d'en retirer quelques satisfactions. Par contre, faire cela dans le but d'immortaliser sa petite personne, c'est devenir le plus grand des tout petits.

Alors,
« Rions un peu avant que d'être heureux de peur que de mourir sans avoir ri. »
Jean de La Bruyère.

Le modèle.

Oh, loin de moi le désir d'être trop belle,
Je ne suis pas star parmi les étoiles.
Mais volontiers, j'ai posé nue pour leur toile,
Sous leur pinceau, pour devenir éternelle.

Ma fraîcheur sera, je le sais bien, dans un jour,
Dans un an, rien de plus qu'un joli souvenir.
Le temps passe et mes rêves s'en vont périr.
Mes ardeurs éphémères quitteront l'amour.

Ainsi étant clouée par l'impermanence,
Et disparaissant dans la nuit d'une transe,
Je poserai cette fois pour l'éternité.

Sans pudeur je prendrai quelques dispositions,
Et faisant la nique à l'éphémérité,
Je lui offrirai là mes folles positions.

Une phrase d'Aristote.

« Seul un esprit éduqué peut comprendre une pensée différente de la sienne sans avoir à l'accepter. »
                                                              Aristote.

Voilà une phrase d'à peu prés 2400 ans, il est difficile de regarder le passé avec nos lunettes d'aujourd'hui.
Mais sommes-nous sûrs que cette phrase nous vient d'Aristote ? Pour dire la vérité, cette phrase est d'Aristote ou peut-être pas. Celui que nous nommons Aristote portait en fait le nom d'Aristotélès, d'aristos qui signifie le meilleur et de télès qui vient de télos qui signifie l'accomplissement. L'accomplissement du meilleur, dès la naissance un sacré poids sur les épaules !

Le boustrophédon.

Étymologiquement, ce mot signifie bœuf, l'animal, et strophe, l'aller-retour. Généralement, lorsque « strophe » est contenu dans un mot, il est souvent question d'aller-retour, de retournement. Il y a en philosophie un concept qui porte le nom d'épistrophê. Lorsque nous vivons une épistrophê, nous prenons conscience que quelque chose va tout renverser, bouleverser, dans strophe il y a cette idée là.

L'idée du bœuf vient de son utilisation pour la culture des champs. Le bœuf guidé par le cultivateur tire accroché derrière lui, un soc planté en terre. Il trace un sillon d'un côté à l'autre du champ, puis fait demi-tour pour en tracer un autre parallèle aux précédents, et ainsi de suite jusqu'à ce que le champ soit totalement labouré. C'est donc en zigzag, en aller-retours, en boustrophédon que le bœuf sillonne la terre.

Le boustrophédon est aussi une ancienne écriture qui n'a, je pense, plus cours aujourd'hui. Tous les peuples n'ont pas adopté le même type d'écriture. Certains écrivent de gauche à droite, d'autres de droite à gauche et encore d'autres de haut en bas. L'écriture en boustrophédon est très particulière, l'on écrit une ligne de gauche à droite, puis la suivante de droite à gauche et ainsi de suite en zigzag. À savoir que pour les lignes écrites de droite à gauche, les mots et les lettres sont inversés, c'est-à-dire que une phrase comme celle ci :
nous viendrons manger avec vous, sera écrite ainsi :
ƨuov ɔǝvɒ ɿǝϱnɒm ƨnoɿbnǝiv ƨuon
Cela demandait un niveau intellectuel certain pour arriver à écrire de cette façon, mais aussi pour arriver à lire. Ce qui avait pour incidence que l'écriture et la lecture n'étaient pas à la portée du citoyen ordinaire. C'est ce qui explique que de nos jours, plus personne n'utilise le boustrophédon, et je dirais que moi-même je n'en ai connu l'existence que tout à fait fortuitement.

Les textes à travers le temps.

Notre écriture actuelle nous est si familière que nous avons de la peine à nous rendre compte qu'il fut un temps où les textes ne présentaient aucune ponctuation. Pas de virgules, de points, etc... l'espace entre les mots était aussi absent, tout était lié, indigeste comme une musique sans silence. Nous connaissons l'importance de la place d'une virgule, suivant son positionnement le sens d'une phrase peut en être totalement modifié jusqu'à exprimer le contraire. Dans les textes sans ponctuation, le sens était à la charge du lecteur. Nous voyons dans ce cas le peu de clarté et la facilité avec laquelle l'on pouvait mal interpréter les écrits de cette époque.

Expliquer autrement que par l'oralité relevait du défi. Maintenant encore, malgré les progrès que présente notre écriture, il arrive que l'auteur ne soit pas compris. À cause, entre autres, de la part des critiqueurs, d'une pensée sclérosée, d'un manque de malléabilité, de plasticité cérébrale, d'une absence de second degré etc... d'autre part pour ce qui concerne les ouvrages des philosophes, des débats ont toujours lieu pour faire toute la lumière sur ce qu'ils ont voulu exprimer, et bien entendu les avis divergent.

De tous temps, les jeunes gens et en particulier les jeunes philosophes ont désiré être écoutés et être lus. La méthode à l'époque des Grecs anciens pour être lu, lorsque l'on n'était pas connu, résidait en une gentille supercherie. Le philosophe en herbe signait son texte du nom d'un philosophe connu. L'auteur avait par ce moyen plus de chance d'être lu. À l'heure actuelle, agir ainsi serait à juste titre source de problèmes. Il n'est pas normal d'usurper le nom d'un auteur même pour une bonne cause.

On peut imaginer que les textes de cette époque qui nous sont parvenus ne peuvent pas raisonnablement être attribués de manière toujours incontestable.

Nous n'avons que très peu de textes originaux d'Aristote, parce que perdus, volés, brûlés. La connaissance que nous avons du philosophe est due en grande partie au peuple syrien. À cette époque, la Syrie avait un territoire beaucoup plus vaste, la langue de la culture était le grec ancien. Les gens en général et les Syriens cultivés lisaient le grec. Les Syriens appréciaient la philosophie d'Aristote au point de recopier les textes pour les posséder. L'œuvre d'Aristote fut recopiée en grec par les Syriens pour eux-mêmes. Mais tous les Syriens ne lisaient pas le grec, et l'œuvre d'Aristote gagna en popularité en étant traduite en syriaque, la langue des Syriens de l'époque. Les textes passèrent donc du grec au syriaque. Puis vers les années 700 après Jésus-Christ, la Syrie fut envahie par les Arabes. Les Arabes intéressés par la philosophie d'Aristote traduisirent les textes du syriaque en arabe. Nous sommes à la deuxième traduction, je vous laisse imaginer les erreurs dues aux traductions d'ordre de compréhension, de vocabulaire, d'oublis, de parties jugées inutiles etc...

Les Arabes, peuples conquérants, envahirent une partie de l'Europe. Vers le 11ème siècle, les Arabes furent repoussés mais nous gardâmes les textes d'Aristote. Les textes furent traduits de l'arabe en latin, donc troisième traduction. Le latin fut utilisé du 11ème siècle, c'était la langue de la culture, jusqu'à peu près le 17ème siècle et c'est grâce à René Descartes que les textes d'Aristote en latin furent traduits en français. René Descartes écrivait en français bien que la langue dite savante fut le latin. Descartes voulait que sa philosophie put être lue par tout le monde et en particulier par les femmes qui n'avaient pas ou très peu accès à la culture. Le latin recula mais demeura la langue de la religion chrétienne. Le français du 17ème siècle n'était pas le français d'aujourd'hui. Les textes ont dû subir jusqu'à nos jours encore plusieurs traductions d'un français vieilli à un plus récent, sans cela impossible de lire le philosophe.

C'est pour cela que lorsque nous avons sous les yeux une phrase aussi ancienne que celle sur laquelle nous portons notre attention, nous pouvons douter de la comprendre exactement comme à son origine.

Il faut dire aussi que les moines chargés de recopier les textes n'étaient pas aussi « respectueux » que l'on aurait pu le souhaiter. Les moines copistes n'hésitaient pas à modifier un ou plusieurs passages des textes, ou à les supprimer ou même à rajouter des parties dont ils étaient les auteurs. Cela était monnaie courante et n'altérait nullement la bonne conscience des moines. Les textes ainsi recopiés ont souffert sans que nous puissions toujours déterminer lesquels et dans quelles parties. Mais c'est aussi grâce à ce travail que maintenant nous pouvons avoir entre les mains la parole de ceux qui nous ont précédés.

Alors que fait-on avec ça ? Hé bien on fait avec !

Une phrase, un texte finit par avoir sa propre autonomie et l'important en philosophie reste les idées, même si elles ne sont pas le reflet exact des idées qu'avait à l'époque tel ou tel philosophe. Tout change, les coutumes, les lois, la manière d'envisager le réel. Ce qui est important, c'est la phrase elle-même comme elle est maintenant, avec tout ce qu'elle comporte comme affinités et comme différences avec nous. L'important, c'est ce qu'elle va nous permettre comme réflexion et tant pis si au détour des traductions et interprétations, nous perdons un peu de son authenticité.

Seul un esprit éduqué peut comprendre une pensée différente de la sienne sans avoir à l'accepter.

La phrase débute par le mot « seul ». Nous sentons là une volonté de faire un tri. Le mot seul ne laisse pas envisager d'autre possibilité que celle qui est ainsi énoncée.

Seul un esprit. Que peut signifier pour Aristote le mot « esprit » ?

Pour nous ce mot recouvre plusieurs acceptions.

Le mot d'esprit par exemple, cher à Sacha Guitry, Pierre Dac, Woody Allen, Pierre Légaré et bien d'autres. Faire de l'esprit, c'est être spirituel, ironique, effronté, c'est selon.

L'esprit est en lien avec les croyances, la spiritualité. Les esprits des morts, le spiritisme, ou alors le Saint-Esprit sont évocateurs de l'au-delà. Un ami croyant me parla un jour du Saint-Esprit, il m'expliqua comme si cela était une évidence que l'amour du père pour son fils et l'amour du fils pour son père avait engendré le Saint-Esprit, ce qui m'a conforté dans l'idée que seuls peuvent croire ceux qui croient. Les non croyants remplacent souvent le terme âme par celui d'esprit moins connoté religieux.

L'esprit évoque aussi la fluidité, la volatilité ; l'oxyde d'éthyle et l'esprit de sel réunissent ces deux aspects.

Nous pouvons penser que l'emploi des mots esprit et intellect sont souvent deux manières de dire la même chose. L'esprit, à l'instar de l'eau, fait partie de ce qui ne peut être saisi.

Aristote nous dit « seul un esprit éduqué ». Nous comprenons par cette appellation, « esprit éduqué », qu'il s'agit d'un individu, d'une personne, d'un animal doué de raison c'est-à-dire l'homme.

Un peu plus loin dans la phrase, il est question de comprendre une pensée différente. Là encore, Aristote emploie un mot puissant de sens, le mot « pensée ».

Une pensée, cela peut être très simple comme penser à mettre de l'eau dans le réfrigérateur.

Mais dans le cas de cette phrase, le mot « pensée » est destiné à plus de noblesse. « Pensée » dans le sens de philosophie, de doctrine, de politique, de religion, d'un fonctionnement, d'un système etc... nous pouvons me semble-t-il entendre le mot « pensée » ainsi.

« Différente de la sienne sans avoir à l'accepter », nous allons nous appesantir sur le mot « accepter ». Nous avons plus haut évoqué les inconvénients générés par les traductions. Nous pouvons aussi constater que les mots sont souvent polysémiques, cette polysémie parfois se développe avec le temps. Les mots peuvent perdre leur sens originel, se galvauder. Dans le cas du mot « accepter », nous dirons qu'il a grandi de sens. À l'époque d'Aristote, il pouvait signifier se soumettre, se résigner ou encore, approuver. Dans le sens de la phrase, ces trois acceptions fonctionnent.

Un esprit non éduqué ne peut pas comprendre une pensée différente de la sienne. Nous pouvons aussi nous demander si Aristote nous laisse entendre qu'un esprit non éduqué peut avoir une pensée digne de ce nom. Les personnes non éduquées ne peuvent comprendre, entendre autre chose que leurs propres pensées qui font partie de leur façon de penser, de leur système de pensée, de leur échafaudage de pensée. Le non éduqué est obligé de se soumettre à une pensée pour la faire sienne et donc de l'accepter pour la comprendre.

Mais entre Aristote et nous, un certain Épictète apporta de nouveaux éléments qui donnèrent un sens de plus au terme accepter. Accepter le réel, c'est en prendre conscience, accepter l'existence d'autres choses, d'une autre pensée et en l'occurrence ne pas être dans un déni. Cela permet de faire avec ce qui est, cela permet aussi lorsque l'on se rend compte, lorsque l'on prend conscience de cette pensée autre, de pouvoir éventuellement lutter contre. Épictète emploie le mot accepter dans le sens d'accueillir, j'accepte donc j'accueille.

Le mot accepter répond donc à plusieurs sens comme se soumettre, se résigner, approuver mais aussi faire avec, se rendre compte donc ne pas être dans un déni et pouvoir lutter contre si nécessaire. À la lumière de ce que nous dit Épictète, seul pour lui un esprit éduqué peut accueillir le réel comme il est, comme il se présente à nous. Accepter le réel, l'accueillir pour pouvoir lutter contre, cela fait bien la différence avec approuver.

Avec Épictète le mot « accepter » prend une autre signification, celle d'accueillir. Pour rester dans l'ordre d'idée d'Aristote, je modifierais sa phrase en changeant le mot accepter par le mot approuver, et la phrase devient :
« Seul un esprit éduqué peut comprendre une pensée différente de la sienne sans avoir à l'approuver. »

Voyons-nous une différence entre l'éducation, l'instruction et la culture ?

En parlant de la culture nous pourrions dire avec un peu de provocation qu'elle ne sert à rien mais qu'elle est indispensable.

Elle est celle qui nous permet de briller lors d'une réunion, on dit qu'elle est comme la confiture, au moins on en a, au plus on l'étale.

La culture est souvent la petite histoire qui permet de faire aimer la grande Histoire.

Elle est le reflet d'un territoire, d'un pays, d'une manière d'être et de se reconnaître pour ceux qui l'ont en partage.

Quelle différence entre instruction et éducation ?

Être instruit, c'est avoir des connaissances et l'ensemble de ces connaissances fait que nous avons un savoir. Un jardinier par exemple a beaucoup de connaissances. Il connaît les moments de l'année pour planter, semer, pour récolter, élaguer etc... et toutes ces connaissances lui font un savoir. Il y a des savoirs qui sont de type intellectuel, d'autres de type manuel. Les savoirs de type manuel sont des savoir-faire, le jardinier est instruit de toutes ces connaissances, il est celui qui sait faire.

L'éducation est principalement basée sur le comportement, éduquer une personne c'est lui montrer, lui indiquer comment bien se comporter. Il est question de morale, d'éthique, d'éthologie qui est l'étude du comportement animal qui nous permet de comprendre ce que nous sommes, en particulier nos pulsions, ainsi que de psychologie qui est l'étude du comportement humain.

Pour mettre en évidence ces nuances, nous allons faire une distinction entre le professeur de philosophie et le philosophe.
Le professeur a une grande instruction, il transmet ses connaissances tout en étant contraint par sa hiérarchie. Son rôle est de faire percevoir à ses élèves les différents courants philosophiques. Il doit en quelque sorte engranger plus de deux millénaires d'idées diverses, et faire part de ce trésor à ses élèves. Le professeur n'est pas dans une réflexion permettant l'élaboration de sa propre philosophie. Lorsque le professeur a sa propre philosophie, il est philosophe, mais ce n'est pas souvent le cas. La plupart du temps, lorsque nous nous rendons à une conférence, nous assistons plutôt à un cours de philosophie qu'à une initiation à la philosophie du conférencier. Le philosophe n'a pas autant de connaissances que le professeur mais il est plus dans la réflexion. Pour faire simple, je dirais que le professeur travaille plus avec sa mémoire, sa capacité à archiver, à transmettre les idées des philosophes en étant le plus neutre et objectif possible. Il utilise une forme d'intelligence basée sur un grand savoir pédagogique.
Le philosophe est dans l'élaboration de sa propre philosophie et cela lui demande du temps pour réfléchir, construire sa pensée. Il développe une capacité à réfléchir, à échafauder un système de pensée, voire un paradigme. Sa raison est intuitive, il cherche à comprendre le monde, les

autres et lui-même afin de trouver au moins en partie une forme de la vérité.

Le philosophe fabrique sa compréhension du monde alors que le professeur a la tâche non moins noble d'apporter un studieux savoir aux élèves. Les deux ont des compétences différentes et toutes aussi importantes.

Il arrive parfois que le professeur de philosophie devienne philosophe. En ce cas, il n'est pas rare que le professeur quitte l'enseignement pour se consacrer non plus à la philosophie de ses prédécesseurs mais à la sienne. Philosopher demande beaucoup de temps et c'est en cela qu'être professeur de philosophie en même temps que philosophe est très difficile, sinon presque toujours incompatible.

Pour faire une ultime distinction entre professeur et philosophe, nous dirons que le premier est dans l'instruction, et le second est dans l'éducation, d'abord de lui-même, et après de ses disciples qui pour certains d'entre eux, deviendront à leur tour philosophes.

Un exemple d'éducation.

Socrate était un maître, le maître c'est celui qui montre et qui a des disciples. Socrate a eu Platon comme disciple et les deux étaient très différents.

Socrate n'écrivait pas, il partageait ses idées oralement. Il aimait provoquer les gens, les apostrophant puis les terrassant d'une verve dont lui seul était coutumier; le jeu si l'on peut dire, consistait à faire comprendre à ses interlocuteurs et malgré eux, qu'ils ne connaissaient rien, y compris de ce qu'ils croyaient savoir.

Platon, lui, a beaucoup écrit, il a été en cela le témoin de son époque. Il faut l'imaginer costaud, large d'épaules comme un plateau, d'ailleurs son surnom vient de là, plateau, Platon. Son vrai nom serait Aristoclès, mais cela n'est pas sûr. On peut l'imaginer plutôt beau et athlétique, sans avoir peur de se tromper, alors que Socrate était laid, pouvait boire beaucoup de vin sans être saoul mais était reconnu courageux et vaillant combattant. En fait, les deux n'avaient que très peu de points communs.

Socrate a éduqué Platon, il a été son maître, mais sans déteindre sur lui. Platon ne s'est pas transformé en un nouveau Socrate, enrichi de l'enseignement de son maître, il est devenu lui-même.

Puis Platon a eu comme disciple un certain Aristote. Il y a au Vatican une fresque de Raphaël qui montre bien l'opposition entre les deux philosophes. L'un, Platon, montre le ciel du doigt, alors que l'autre, Aristote, montre la terre de la main. Les deux philosophes avaient une perception du monde très différente. L'art théâtral pour Platon n'était ni vrai ni bien ni bon et la beauté de l'œuvre ne suffisait pas à légitimer son aspect mensonger. Pour Aristote, le théâtre avait sa raison d'être ne serait-ce que pour ses vertus cathartiques.

Nous voyons que de maîtres en disciples, nous obtenons des personnes qui pensent par elles-mêmes et qui ne sont pas forcément le clone de leur maître.

Il y a eu aussi à partir de Socrate une autre lignée de philosophes. L'un de ses disciples, Antisthène, qui avait une très grande éloquence, devint un maître dans l'art de la rhétorique, il fut l'un des premiers sophistes. Il avait une philosophie esthétique et maniait avec aisance la rhétorique qui est pour faire simple l'art d'avoir toujours raison. Antisthène avait une crainte, celle d'engendrer un clone philosophique de lui-même, ce qui l'amenait à chasser les gens qui venaient trop souvent en place publique écouter sa parole.

Malgré avoir été chassé plusieurs fois, un jeune homme revenait toujours écouter Antisthène. Cet homme tenace portait le nom de Diogène. Un jour où Diogène allait pour se faire chasser, une curieuse scène advint. Diogène se mit à genoux devant Antisthène, baissa la tête et lui dit, frappe-moi si tu le veux avec ton bâton, parce qu'il ne sera jamais assez gros pour me chasser tant que tu parleras ! Face à la volonté de Diogène, Antisthène l'accepta comme disciple. Inutile de préciser que leurs philosophies furent totalement différentes et encore plus avec celle de Socrate. À l'époque, certains disaient en parlant de Diogène, il est Socrate devenu fou !

L'éducation permet aux disciples de penser par eux-mêmes. Cela n'était pas une spécificité des philosophes grecs, bien plus tard Friedrich Nietzsche dira :

« Mon allure et mon langage t'attirent,
Tu viens sur mes pas, tu veux me suivre ?
Suis-toi toi-même fidèlement : -
Et tu me suivras, moi ! - Tout doux ! Tout doux ! »

(Le gai Savoir 7- Vademecum- Vadetecum)

Il me semble que la plus grande difficulté à vaincre lorsque nous désirons être éduqués est d'apprendre à écouter. Il est beaucoup de personnes qui n'écoutent pas vraiment. Le résultat est que ces personnes n'ayant pas suffisamment écouté n'ont pas d'éléments de réflexion. Ils en restent donc à leurs propres idées en se privant ainsi d'améliorer leur compréhension.

On écoute et on réfléchit, on réfléchit et on comprend, on comprend et nous n'avons plus besoin d'apprendre, c'est fait.

Finalement, on pourrait dire que donner une instruction, c'est donner des informations alors qu'éduquer, c'est apprendre à l'autre à apprendre. C'est faire en sorte qu'il ait une tête bien faite plutôt que bien pleine, qu'il puisse penser par lui-même. et aussi apporter à la personne un équilibre tant de l'esprit que du corps, par par exemple la psychologie et l'éducation physique.

Le philosophe peut ne pas avoir ni une très grande culture ni une très grande instruction. Ce qui n'est normalement pas le cas d'un bon professeur de philosophie. Nous pouvons trouver aussi cette différence entre l'artiste et le professeur d'art plastique. Pendant très longtemps, le ministère de l'éducation s'est appelé ministère de l'instruction. Lorsque l'école instruira les enfants et que leurs parents les éduqueront, cela ira sans doute mieux.

Socrate avait cette grande sagesse de savoir qu'il ne savait rien. Nous pouvons être sage et ne rien savoir. Nous pensons à tort que le sage et le philosophe qui est l'ami de la sagesse sont des puits de connaissances.

Pas forcément, ce sont des sentinelles scrutant le monde à la recherche de la vérité.

Quant à la culture, il me semble qu'il vaut mieux bien lire et relire une dizaine de livres plutôt que d'en survoler dix mille.

Nous pouvons maintenant à la lecture de la phrase d' Aristote savourer sa finesse, de même que l'on peut imaginer Alexandre le Grand caressant Bucéphale après l'avoir dompté.

« Seul un esprit éduqué peut comprendre une pensée différente de la sienne sans avoir à l'accepter. »

Le chevalier désorienté.

Un chevalier héla un paysan,
Fais tomber cette pelle de tes mains
Terreux, et viens m'indiquer mon chemin,
Dis-moi, manant, où est le château grand ?

Moi je ne sais pas, noble chevalier.
Manger, dormir, j'ai de l'or en poche,
Alors, où est l'auberge la plus proche ?
Mais de tout cela seigneur, je ne sais !

Paysan, te moquerais-tu de moi ?
Je peux de mon épée te pourfendre
Ou, là-bas, à cet arbre te pendre,
Puis prendre ta femme et ton repas.

Je n'ai ni femme, ni repas non plus,
Non, vraiment, chevalier, je ne sais rien,
Je ne suis qu'un pouilleux, un vrai vaurien,
Mais moi au moins je ne suis pas perdu !

Il faut, à trop vouloir faire le beau,
Préférer toujours la simplicité,
Cela vaut mieux que s'en aller risquer
D'être pris en retour pour... pour un sot.

D'où vient notre identité ?

L'identité, vaste programme ! Chacun pense avoir une identité stable, acquise, et définitive. Il n'en est rien et si cela était ainsi, nous ne pourrions envisager aucune progression, amélioration, ou tout simplement aucune évolution. Avec un peu d'humour, on pourrait dire que n'être personne est la meilleure voie pour devenir quelqu'un.
Le problème est que nous sommes tous et toujours quelqu'un. Et bien souvent quelqu'un que l'on ne voudrait pas être. Alors comment faire ?

Notre identité dépend de l'image de ma personne que je donne à voir aux autres, elle dépend aussi de l'image qu'ont les autres de ma personne, et surtout de l'image que j'ai de moi-même. Tous ces éléments font que nous sommes ce que nous sommes et personne d'autre n'est nous, même pas nous-même. Et oui, cela est très complexe mais pas forcément compliqué.

« Je est un autre » disait Arthur Rimbaud, et Denis Diderot avec son neveu de Rameau toujours dissemblable de lui-même n'en pensait pas moins.
Je peux, si je le désire, fabriquer l'image que les autres perçoivent de moi, image attachante et réconfortante pour les amis, image repoussante pour se défaire des idiots. Nous

le faisons sans nous en rendre compte ou parfois volontairement.

Ce que les autres perçoivent de moi, c'est l'image qu'ils ont de moi. Les apparences sont toujours la manifestation de la puissance du réel, mais jamais la vérité de la perception que l'on en a.

Notre identité est devant nous, il ne tient qu'à nous de nous la construire et cela malgré ce que les autres voudraient faire de nous. Nous avons un rôle dans la société et ce rôle est déterminé par la place que nous occupons dans celle-ci. Bien des gens sont pris dans cet engrenage sans savoir qu'il ne tient qu'à eux de s'en défaire. N'oublions jamais que « nous sommes ce que nous faisons de ce que les autres ont voulu faire de nous » ! (Jean-Paul Sartre)

S'il est exclu d'être personne, en revanche le devenir est le lot de chacun.

L'identité n'est pas immuable, elle évolue avec le temps et nous avons la possibilité d'agir sur elle. Que je sache, nous ne mourrons pas avec le même corps et le même esprit que ceux avec lesquels nous sommes nés. Nous pouvons devenir celui que nous voulons être et cela, en s'appuyant sur celui que nous avons été et que nous voulons ne plus être. Le piège serait d'avoir comme maxime la phrase suivante : quand on est encore ce qu'on était, on est déjà ce qu'on sera, autant dire que le jeu est alors déjà joué, ainsi que le je.

Dans ce cas, il me semble qu'il eut mieux valu ne point être né.

L'identité est une construction de tous les jours, et même si elle nous apparaît déterminée, il nous faut la penser dépendante de nous-même, par nous-même et pour nous-même. C'est à dire qu'elle est forgée par nous et non nous, par elle.

Il me vient en tête un vieux proverbe arabe qui nous dit :
« ne demande jamais ton chemin à quelqu'un qui le connaît, tu ne pourrais plus t'égarer ».

Histoire triste.

Je suis agent de police,
Déclinez-moi votre identité,
Et surtout pas de caprices,
Sinon c'est les menottes aux poignets.
Mais pourquoi voulez-vous voir mes papiers ?
Décidément l'intranquillité de cette plage
Me pousse à aller où je n'ai pas pied,
Allez-vous en, moi je nage.

Bon, mon identité est devant vous,
Et rien ne sert monsieur l'agent,
De me montrer votre courroux,
Ne soyons pas stressés, nous avons le temps.

Mes papiers les voilà, prenez-les,
Regardez-les bien pour en finir,
Car les renseignements que vous y trouverez
Ne vous diront jamais quel est mon devenir.
Mes papiers, sont-ils faux, sont-ils vrais ?
Je ne crois pas qu'un jour vous serez à même
De savoir qui j'étais, qui je suis et qui je serai,
Car je suis moi et moi toujours dissemblable de moi-même.

L'agent prit son arme et tira,
Je t'en ficherai moi du devenir !
Le nageur percé, troué, tomba... Attention,
Braves gens, philosopher ne dispense pas de mourir.
Cette histoire est vraiment triste.

La déception, la frustration, le deuil.

Je m'étais dit pour sortir un peu des bienheureux sujets tels que le bonheur, la joie, la vie heureuse... qu'il serait intéressant d'étudier ce qui pour tout être normalement constitué ne contribue pas à sa tranquillité d'âme ni à sa pleine expansion. La déception puis sa copine la frustration vinrent toquer à la porte de mes pensées. Je commençais donc avec ce couple, lorsque tout naturellement le deuil vint s'y joindre formant avec elles le trouple le moins plébiscité de l'histoire de la philosophie. La déception, la frustration et le deuil ont des points en commun, et les étudier ensemble pour chacun d'eux par comparaison avec les deux autres nous en donne une compréhension plus claire.

Imaginons que nous ayons au téléphone une personne et que nous prenons un rendez-vous avec elle.
Il est à noter qu'un simple bonjour peut suffire à nous donner de multiples informations, nous entendons dans la plupart des cas si notre interlocuteur est une femme ou un homme, s'il est vieux ou jeune, s'il a un accent étranger ou non, s'il est malade ou non, s'il est triste ou non etc...
Nous avons donc échangé verbalement, nous nous sommes un peu décrits de manière à nous reconnaître. Nous sommes maintenant sur le lieu de rendez-vous et nous attendons que la personne arrive. Nous sommes parcourus par plusieurs sentiments, surtout que bien évidemment nous sommes

arrivés en avance. De l'inquiétude commence à naître en nous, et si la personne ne venait pas ? L'inquiétude se mêle à l'impatience et un désir d'immédiateté, comme un caprice d'enfant, vient se mêler au tout. Nous faisons les cent pas, nous vérifions machinalement que notre braguette est bien fermée, nous sourions assez bêtement aux gens qui passent, et nous finissons par nous demander ce que nous faisons ici.

Il y a deux possibilités pour la suite de notre histoire. La première, la personne vient et la seconde, personne ne vient. Je vous propose pour commencer la première alternative. Nous sommes toujours dans l'attente de la venue de la personne. Notre mental travaille, nous nous rappelons cette description que la personne nous a faite d'elle. Nous commençons à élaborer un portrait robot tout à fait idéal. Nous avons toujours tendance à idéaliser nos désirs. Lorsque nous avons perdu ou que nous attendons l'objet de notre désir, nous le pensons toujours plus que ce qu'il est. Plus beau, plus grand, plus et plus encore !

La personne finit par arriver, une grande satisfaction mêlée de crainte nous submerge, nous échangeons sourires et paroles de politesse avant de vaciller. La personne ne correspond pas du tout à l'idée que l'on se faisait d'elle. Elle n'est pas, elle n'a rien de cette image que nous nous étions forgée. C'est la terrible déception. Nous avions inventé le réel et voilà qu'il ne nous a pas exaucé. Nous ressentons un manque, le manque de ce qui est dans nos projections, qui est bien absent chez cette personne.

Seconde alternative. Nous attendons et la personne n'arrive pas, n'arrivera pas ! Les minutes ont passé lentement, au fur et à mesure notre impatience s'est transformée en énervement face à notre impuissance à pouvoir modifier la situation. Nous avons l'envie désespérée qu'elle soit là immédiatement pour nous défaire de ce mauvais pas.

C'est cela la frustration. Je l'ai imaginée de telle manière qu'elle ne pouvait que me plaire, que me séduire, et elle n'est pas venue.

La frustration nous donne à choisir d'ouvrir l'une de ces trois portes. La première est d'aller vers des passions tristes, déprime, dépression, et toutes leurs conséquences. La deuxième peut nous donner un élan, une volonté, une ambition d'atteindre ce que nous voulions et de fait, d'obtenir la satisfaction de l'accomplissement. Mais il est possible de tomber dans une addiction au plaisir. La troisième, qui me semble préférable, serait de vivre cette frustration comme un temps précédant la réalisation du désir. Ce qui serait, en fait, la transformation de la frustration en une forme tantrique du plaisir, une attente positive et prometteuse.

De ces deux situations, la déception ou la frustration, laquelle est-elle préférable ? Une personne qui vient au rendez-vous et qui ne correspond pas idéalement à l'image que je m'en faisais, ou une personne qui ne vient pas et qui finalement me permet de garder mes fantasmes ?

Il me semble la déception préférable, car ce qui ne correspond pas à nos attentes peut parfois par l'inattendu nous emplir par son imprévisibilité même. La personne ne ressemble pas à celle que l'on attendait, mais elle ressemble à elle-même et c'est peut-être tout aussi bien. Une déception peut s'évanouir d'elle même, alors qu'une frustration nous laisse face au vide. Elle est la conséquence d'un désir non satisfait, nous avions le désir que cette personne vienne et cela n'a pas eu lieu. Je me retrouve saisi par le manque. Un désir non satisfait génère un vide, un manque, une absence, il en va de même pour un besoin ou une envie, nous allons distinguer les trois.

Le besoin.
C'est une nécessité impérieuse, vitale, par exemple, pour vivre j'ai besoin de boire de l'eau.

L'envie.
C'est une tentation, une convoitise parfois teintée de jalousie. Elle s'appuie souvent sur un besoin, par exemple, de l'eau oui, mais plutôt fraîche et pétillante.

Le désir.
C'est une volonté, une ambition. De l'eau fraîche et pétillante oui, mais de ma marque préférée.
Cela fonctionne aussi pour les addictions. Par exemple, j'ai besoin de boire de l'alcool, du vin mais plutôt du champagne.

Le désir est relié au plaisir, plaisir qui est le moteur du désir. J'aurais grand plaisir à rencontrer cette personne, du moins je le pense ainsi, c'est pour cela que je désire qu'elle vienne. Ce désir va générer en moi une puissance, la puissance d'acter, c'est-à-dire de me rendre au rendez-vous et d'attendre la personne. Le mécanisme est immuable, le plaisir suscite le désir qui génère la puissance qui permet l'acte.

J'ai le désir de rencontrer cette personne et ce désir fait naître en moi un manque. Ce manque, c'est l'insatisfaction du plaisir que j'aurais à la rencontrer.

Il est clair que le manque, le plaisir et le désir sont liés à la déception et à la frustration. Il faut entendre le mot plaisir dans son acception la plus large. Un éventail qui irait de la simple satisfaction à l'orgasme le plus fort, mais le plaisir n'est pas forcément d'ordre sexuel. Le plaisir que je pense éprouver à la venue de cette personne crée mon désir et ce désir est aussi un manque.

Le philosophe Arthur Schopenhauer nous éclaire.

Le désir est manque car nous ne désirons que ce qui nous manque, ce que nous n'avons pas. Il serait absurde par exemple de vouloir être assis si nous le sommes déjà ! Nous ne désirons que ce que nous n'avons pas, nous dit Schopenhauer. Le plaisir est manque et le manque est souffrance, le désir est donc souffrance. Nous sommes donc dans la souffrance, dans l'attente d'un plaisir potentiel, en impatience, en attente de cette personne.

La vie est souffrance, les morts ne souffrent pas puisqu'ils ne sont plus. La mort est un folklore bardé d'histoires et de superstitions plus délirantes les unes que les autres.

Mourir, c'est simplement passer d'être à ne plus être. Lorsque la vie s'en va, nous étions et nous ne sommes plus. Le néant n'est pas là pour recevoir ceux qui ne sont plus. Le néant par définition n'existe pas, et y entrer serait faire exister ce qui ne peut pas exister. Décéder est juste ce passage d'être à ne plus être, qui fait dire aux vieux lorsque l'un d'eux n'est plus, il a passé !

La vie s'en est allée, nous ne sommes plus, ne reste que de la matière. Ce sont les atomes de notre corps. Ces atomes sont éternels, ils vont se séparer et constituer d'autres combinaisons avec d'autres atomes et cela indéfiniment. Nous sommes poussières d'étoiles.

Épicure nous dit qu'il ne faut pas craindre la mort puisque lorsque nous sommes là, elle n'y est pas, et lorsqu'elle est là, nous ne sommes plus. En fait, la mort et le soleil sont les deux choses que nous ne pouvons regarder en face.

Si cela nous rassure pour nous-même, qu'en est-il de la mort de l'autre ? De celle ou celui à qui l'on tenait et qui s'en est allé ? On dit que la mort pour celui qui reste, c'est être en permanence en présence d'une absence.

Le manque est l'un des points communs avec la déception, la frustration et le deuil. Le désir est manque et nous avons dans le deuil ce désir fou et souvent refoulé que celui qui n'est plus soit encore.

Revenons à Arthur Schopenhauer.

Le désir est souffrance, mais lorsqu'il est satisfait, il devient plaisir. Cela ne dure pas car quand nous avons obtenu ce que nous voulions, nous ne le désirons plus. En effet, pourquoi continuer désirer que la personne vienne puisqu' elle est là ! De fait, ne la désirant plus, nous tombons dans l'ennui. Le philosophe conclut en disant :

« La vie oscille comme un pendule de droite à gauche de la souffrance à l'ennui. »

Voilà une définition de la vie quelque peu triste n'est-ce-pas ! Je vous rassure, il y a une autre façon de voir les choses.

Comment ne pas tomber dans le piège de l'insatisfaction permanente ?

La première attitude serait de ne pas être dans un désir car il est toujours accompagné d'un manque. À part bien sûr si ce désir est simple à satisfaire. Si l'on ne désire pas, nous n'avons pas de manque donc pas de souffrance. Il y a deux moyens pour ne pas désirer, le premier serait de tout pouvoir avoir, ce qui me semble peu probable. Le deuxième serait de se contenter de ce que l'on a.

Se contenter et s'en contenter. Il y a là une différence de taille. Se contenter de ce que l'on a signifie que l'on doit faire avec, en effaçant de notre esprit ce que l'on aurait aimé avoir et que l'on n'a pas. Alors que s'en contenter signifie s'en rendre content. Être content de ce que l'on a, c'est en profiter pleinement, avec gratitude et modestie.

Il serait bon aussi de calmer nos impatiences et ne pas vouloir toujours que tout arrive immédiatement. Ce que l'on veut, même si cela est un désir modeste, demande parfois du temps, du travail, voire de la chance. Obtenir tout, tout de suite, n'est pas raisonnable, cela demande souvent stratégie, élaboration, construction, patience. La frustration s'avère parfois positive lorsqu'elle provoque en nous de l'ambition et de la volonté. Cela reste du désir mais du désir ressenti comme un manque permettant de progresser et non pas comme un manque ressenti comme une souffrance.

Cependant, l'ambition sans limites risque fort de venir à bout de notre santé. Les ambitions ainsi que les buts doivent rester atteignables. Si mon ambition réside dans le fait de terminer le livre que vous me faites l'honneur de lire, cela me parait réalisable avec tout de même un peu de patience et de travail. Par contre, si mon ambition consiste à devenir le prochain président des États-Unis, je me prépare beaucoup de souffrances et de désillusions, sans parler de la déception et de la frustration finale.

Revenons au deuil.

Le deuil évoque généralement la perte d'un être cher. Il est la conséquence du décès d'une personne pour laquelle nous avions amour, affection, amitié. Mais il peut s'agir aussi d'un animal ou tout autre objet d'attachement.

Nous habitons proche d'une boulangerie qui produit de délicieuses viennoiseries. Or voilà qu'un jour elle ferme définitivement. Il nous faudra donc faire le deuil des croissants et autres pains au chocolat. Vous me direz qu'il ne s'agit pas tout à fait de la même chose ! C'est vrai, vous avez raison ce n'est tout de même pas comparable. Néanmoins les mécanismes sont les mêmes, la perte d'un être cher ou la fermeture de notre boulangerie nous laisse devant un vide, une absence, un manque.

Il est vrai que rien ne soit comparable, car l'on ne peut comparer que ce qui présente des similitudes et par conséquent trop ressemblant pour être comparé. En ce sens, nous faisons une confusion entre comparaison et choix.

Il y avait du plaisir à aller chercher des croissants, le plaisir était là aussi à côtoyer l'être disparu à jamais. L'absence, le vide, le manque est là. La personne disparue ne nous a jamais été autant présente que depuis qu'elle est absente. Cela est bien difficile à vivre, et c'est pour cela que le deuil est nécessaire.

Pour comprendre ce qui se joue là, il nous faut parler de l'identité. Un décès est une rupture entre le disparu et ceux ou celui qui restent. Entre des êtres qui se connaissent, c'est toujours d'une rupture dont il est question, jamais d'une séparation. Nous séparons deux objets mais nous rompons un seul objet.

Il y a plusieurs sortes de ruptures, les parents qui voient leurs enfants quitter le foyer familial pour voler de leur propres ailes comme des oisillons quittant le nid, les amants qui se quittent, et bien d'autres. Ce sont des ruptures, des déchirures même si certaines comme les enfants qui s'en vont pour faire leur vie peuvent être vraiment considérées comme normalement acceptables.

Mais revenons à l'identité que je traiterai succinctement car je l'ai déjà fait dans ce livre pour un autre texte (Vous avez dit identité ? Page 58).

Nous avons chacun une identité personnelle formée de ce qui nous entoure et par ceux qui nous entourent. Lorsque nous vivons à deux, notre identité se mêle avec celle de l'autre. Chacun détient une part de soi provenant de l'autre, ce qui fait qu'une séparation est vécue comme une rupture, une déchirure, une perte d'une partie de soi qui était constituée par l'autre. On se retrouve perdu, diminué, avec une identité tronquée qui ne correspond plus à ce que nous étions.

Le couple est une transcendance, moi plus l'autre égale le couple. Ce qui signifie, un plus un égale un. Le couple, c'est ce qui est moi et aussi ce qui est au-dessus de moi. Le couple, c'est l'union des deux, qui est eux, au-dessus d'eux. Il y a dépassement de soi et dépassement de l'autre.

Lorsqu'un couple se défait, cela est moins une séparation de deux personnes, que la déchirure de la transcendance des deux personnes, c'est-à-dire le couple.

On retrouve le même fonctionnement que ce soit lors d'une rupture amoureuse, ou de l'enfant qui prend son envol ou bien malheureusement de la perte d'un être cher.

Comment peut-on dans ce dernier cas passer le cap de la tristesse, de la douleur ?

Dans toutes les cultures, le décès est accompagné d'un rite funéraire. Nous avons besoin de cela pour admettre la disparition de l'autre. C'est une manière d'accepter le réel, d'accueillir ce qui advient.

Il est à noter que dans le cas où la dépouille du défunt n'est pas retrouvée, le deuil sera beaucoup plus difficile à faire. De même lorsqu'une personne est tuée, le deuil n'est vraiment faisable qu'à partir du moment où le meurtrier est retrouvé, et aussi lorsque le meurtrier est le défunt lui-même, ce qui est le cas du suicide.

Il y a bien longtemps, Lao Tseu assistait avec ses disciples à une cérémonie funéraire. À cette époque, le maître ne répondait aux questions des disciples que s'il y était disposé sous peine pour celui qui avait osé, de se voir donner un coup de bâton. Or, lors de la cérémonie, un disciple interpella Lao Tseu en lui demandant à quoi servait tout cela ! Autrement dit, quand on est mort on est mort et ni rite, ni cérémonie ne le feront revenir. La question était importante et le maître répondit : Cela sert à fatiguer la souffrance.

Cela fait des milliers d'années que les rites accompagnent les défunts pour que la souffrance de ceux qui restent puisse être fatiguée .

La philosophie n'enlève ni les souffrances ni les douleurs mais elle permet de comprendre les mécanismes, les fonctionnements de ce qui est. Cela, puisque nous sommes dans une compréhension, a pour conséquence de nous faire aller de l'avant, de nous sortir plus vite des mauvaises passes que la vie nous réserve. La cérémonie funéraire permet de vivre avec d'autres personnes la disparition de l'être cher. C'est une prise de conscience importante.

Puis, passé quelque temps, lorsque la famille, les amis s'en sont allés à leurs occupations de tous les jours, nous nous retrouvons seuls. Nous sommes face au vide, au manque, à l'absence, à la perte de l'autre et aussi d'une partie de nous.

C'est dans ces moments qu'ont lieu, ou plutôt que nous ressentons certaines sensations. Nous avons comme l'impression que la personne disparue se trouve toujours dans la pièce d'à côté. Nous nous y rendons parfois tout en sachant que l'on n'y trouvera pas l'autre.

Il en va de même chez les animaux dotés d'un bon niveau de conscience, capables d'affection et de former couple ou groupe. Nous avons à peu près le même comportement qu'un chien peut avoir lorsque son maître n'est plus, il le recherche dans l'incompréhension de cette absence. Nous avons avec les animaux une différence de degré mais pas de nature.

Ce phénomène dure assez peu de temps. Puis nous nous mettons à déceler à l'extérieur, dans les rues au gré de nos allées et venues, une voix, un rire, une silhouette que nous assimilons à la voix, au rire, à la silhouette de celui que nous cherchons en vain. Dans un premier temps, cela nous emplit de tristesse, mais plus tard, lorsque le temps commencera à faire son effet, ces signes seront autant de connivences de la personne défunte avec nous. Un peu comme si celui ou celle qui n'est plus manifestait gentiment sa présence. L'impression que l'autre est dans la pièce d'à côté disparaît. Nous avons maintenant la sensation que cela se passe en nous-même, que la personne disparue est paisiblement en nous, nous redonnant en partie l'identité qu'elle avait emportée.

C'était presque toujours avec des pleurs ou avec beaucoup de tristesse que nous pensions au défunt. Puis plus tard, au fil du temps qui s'écoule, nous nous surprenons à sourire à la pensée ou à l'évocation des bons moments passés. Une nostalgie parsemée de sourires, de rires mais bien sûr aussi de tristesse, mais pas une tristesse de douleur, plutôt une tristesse de ne pouvoir échanger.

On pourrait diviser la vie en trois parties, la naissance, l'existence, et le décès. Il est étonnant de constater que le décès, pour la plupart d'entre nous, occupe nos pensées tout au long de notre vie. C'est le passage d'être à ne plus être. Il me semble que nous y serons bien assez tôt et qu'il serait préférable de profiter de ce que nous donne l'existence au lieu de la gâcher avec de noires préoccupations. Le décès est bien malheureusement inévitable. L'interaction, l'interdépendance, l'impermanence font que toutes choses disparaissent en tant qu'elles-mêmes se transformant en autres elles-mêmes. Le vivant est ainsi fait qu'il naît, va et s'en va.

Lors de l'un de mes ateliers, il m'est arrivé de dire que la mort était la chose la plus banale au monde. Il me semble qu'on peut parler de banalité de la mort lorsque l'on parle d'elle en général, mais lorsque l'on parle de la mort d'une personne en particulier, celle-ci à son sujet n'est jamais banale. Il n'est pas aisé de parler en atelier de ce sujet sans que personne ne soit troublé, heurté voire choqué, car lorsque l'on parle de la mort en général, l'on parle du folklore, lorsque l'on parle du décès en général, l'on parle de ceux qui ne sont plus, cependant que l'on dise d'une personne qu'elle est morte ou que l'on dise qu'elle est décédée, nous disons la même chose.

On voit là toute la difficulté de l'emploi des mots lorsque l'on parle d'un sujet tel que celui-ci. La banalité de la mort réside dans le fait que tout ce qui est vivant ne le sera plus. Personne ne peut y échapper et c'est pour cela même qu'elle ne mérite pas que l'on y consacre plus de temps qu'il n'en faut.

L'autre côté de la vie qui est la naissance me paraît nettement plus étonnant. S'il est vrai que tous les vivants sont nés et donc vont décéder, il me semble que l'on peut penser, pour ce qui est des naissances, un champ des possibles ouvert, pensablement indéfini, alors que les décès sont banalement finis.

Je conclurai avec la phrase d'un anonyme. Elle est d'une réalité exagérée, d'une vérité approximative, mais à la fin de ce texte elle nous apportera une pointe d'humour qui je pense ne sera pas de trop.

« Nous avons tort de pleurer nos morts ; quand ils meurent, c'est nous qui mourons en eux, alors qu'ils continuent à vivre en nous. »

Dure vengeance.

Cette parole,
Un vrai soupçon de bonheur,
Qui rit et puis s'envole,
Tombe sur son cœur.

Ce beau soir d'été,
Oh rappelle toi l'ami,
Tu n'avais que trop juré,
Aimant et gentil !

Tu lui as menti !
En préparant ta sortie,
En la laissant sur le seuil.

De sa frustration
Naîtra une solution.
De toi nous ferons le deuil...

A-t-on besoin de spiritualité, l'Homme a-t-il besoin de croire en un ou plusieurs dieux ?

Cette interrogation m'a été proposée comme sujet d'un atelier. Je dois dire que de moi-même, je n'y aurais pas forcément pensé et pour cela je trouve intéressantes les propositions des participants. Je me suis attaché à en tirer le meilleur parti afin d'en entrevoir les multiples nuances.

A-t-on besoin de spiritualité ?

Dans cette interrogation, se dégage premièrement le mot besoin. Nous l'avons, au cours des pages précédentes, rencontré. Un besoin est une nécessité impérieuse, vitale. Il n'est pas possible d'en faire l'économie, ne plus boire, ne plus se nourrir, ne plus respirer serait d'évidence déterminant.

Les besoins sont multiples, un psychologue américain, Abraham Maslow (1908-1970) en a dénombré cinq catégories.

Première catégorie : physiologique.

Respirer, boire, se nourrir, sommeil, sexe, excrétion, homéostasie.

Deuxième catégorie : sécurité.
Sécurité du corps, de l'emploi, des ressources, de la moralité, de la famille, de la santé, de la propriété.

Troisième catégorie : appartenance.
Amitié, amour, intimité sexuelle.

Quatrième catégorie : estime.
Estime, confiance, réussite, respect, reconnaissance.

Cinquième catégorie : accomplissement.
Moralité, créativité, spontanéité, résolution des problèmes, absence de préjugés, acceptation des faits.

Dans ce tableau nous ne retrouvons pas la spiritualité. Il me semble que si la spiritualité est un besoin comme semblerait l'indiquer l'interrogation que nous traitons, elle serait au-delà de ces catégories. À moins que le terme besoin soit employé dans un sens moins strict, la spiritualité ne me semble pas répondre à l'appellation de besoin tel qu'Abraham Maslow le définit plus haut.

La spiritualité naît du besoin que l'on a de trouver des réponses, c'est un moyen qui naît de cette recherche de sens, de donner un sens aux choses La spiritualité est un moyen qui nous permet de répondre au besoin que nous avons de trouver réponse à nos questions existentielles, métaphysiques...
A-t-on besoin de spiritualité peut être compris comme : la spiritualité a-t-elle une utilité ? La spiritualité est-elle indispensable ?

Mais il me semble difficile de répondre sans, dans un premier temps, donner à la spiritualité une définition.

La spiritualité c'est la vie de l'esprit.
De l'esprit, Sacha Guitry n'en manquait pas, mais peut-on à ce sujet utiliser le mot spiritualité ?

On entend par la spiritualité tout ce qui se rapporte à l'esprit. Mais qu'est-ce que l'esprit ? C'est une interprétation mentale utilisant la raison, la réflexion, la pensée. Pour le travail de l'esprit, si l'intelligence est nécessaire, elle ne suffit pas. Il faudra lui ajouter la mémoire et la volonté. Les trois réunis forment la raison. On dit qu'il s'agit d'une trilogie tridimensionnelle inscrite dans la temporalité. La mémoire pour le passé, l'intelligence pour le présent et la volonté qui tend vers l'avenir.
L'esprit vient de la raison. La capacité à réfléchir provient de l'utilisation de la raison. La mémoire nous permet d'engranger notre expérience, nos connaissances. La volonté permet de projeter nos désirs, elle est l'artisan de ce qui sera. L'intelligence, c'est la capacité d'articuler au présent l'empirisme du passé avec le progressisme de l'avenir.
La raison nous permet de poser et de nous poser les questions, les interrogations, les problèmes et surtout de les solutionner.
Nous utilisons la raison pour analyser, pour comprendre. Oui, mais comprendre quoi ? Ce que sont les choses qui nous entourent. Le monde, les autres, et nous-mêmes. Nous avons besoin de suggérer, de faire des hypothèses, de nous demander si ceci est comme cela ou autrement. C'est par la

raison, ce mélange d'expérience et d'imagination, que nous pouvons dans l'instant comprendre les différents aspects d'une situation. Nous pouvons programmer nos actions, établir des protocoles, réaliser dans le temps une œuvre, un grand œuvre.

La science travaille sur le sensible, la matière, le concret. Elle s'applique pas à pas à répertorier, à décrire, à définir le réel. Elle travaille sur ce qui est, le modelant, le modifiant quand elle l'a sous la main, et le cherchant quand celui-ci n'est pas encore révélé. La science trouve parfois ce qu'elle ne cherchait pas. Il arrive que les chercheurs, par sérendipité, trouvent tout autre chose que ce à quoi ils s'attendaient. Les domaines scientifiques sont vastes et il serait imprudent d'affirmer que la spiritualité en est absente, cependant la science ne me semble pas être la discipline idéale pour ce type d'investigations.

En fait, nous pouvons appeler spiritualité ce qui est en rapport avec ce à quoi la science ne peut encore répondre. Nous avons par notre cerveau la capacité à nous interroger sur ce qui nous entoure.
Mettons-nous un moment à la place des premiers hommes, à l'époque où ils ont commencé à penser ce qui n'existe pas à l'endroit même où ils se trouvent, ce qui est absent de devant leurs yeux, ce qui est du domaine de l'invisible. Il y a soixante-dix mille ans. Ces hommes devant une tempête, un séisme, une inondation ou simplement la foudre, devaient être terrorisés.
Les animaux eux aussi ressentent la peur et s'ils le peuvent prennent la fuite. Puis le danger passé, ils s'en remettent et

continuent leurs activités. Ce n'est pour eux qu'un moment qu'ils doivent affronter, vivre, et s'en défaire malgré eux, sans que cela soit le fruit de leur volonté.

Alors que l'homme, lui, se souvient et s'interroge. Sa conscience l'oblige à se rendre compte que l'inexplicable surgit sans prévenir pour tourmenter sa vie. Même si elle n'est pas verbalisée, l'injustice est là, pourquoi, par exemple, la foudre frappe et comment s'en prévenir ?

Il y a en fait trois interrogations.
La première est : pourquoi cela m'arrive ?
La deuxième est : comment cela arrive ?
La troisième est : qui en est le responsable ?

Si nous éliminons la deuxième, comment cela arrive, parce que l'homme n'est pas encore capable d'être dans une démarche scientifique, restent les première et troisième interrogations dont on peut se douter qu'elles vont trouver leurs réponses dans la superstition.

L'homme se rend compte qu'il est entouré de forces, et ne pouvant les comprendre de manière rationnelle leur donne tout naturellement une origine magique. Les forces de la terre, de l'eau, du feu et de l'air sont là et cela est incontestable. Elles s'opposent à la volonté de l'homme, pourquoi ? Qu'ai-je fait pour subir cela et qui me punit ainsi ?

Les superstitions naissent, les esprits apparaissent, les rites, rituels, cérémonies, les incantations, les transes, les chants, les prières et tout ce qui se rattache à l'invisible.

L'homme par l'observation va départager le bon du mauvais. La pluie fait pousser les arbres, les plantes, alimente les rivières où nagent les poissons etc... L'homme, en pensant que la pluie fait pousser les arbres lui donne une intention, une volonté, la pluie devient consciente de ce qu'elle fait, et les hommes vont pour la séduire lui proposer toutes sortes de présents. La pluie et bien d'autres phénomènes seront la source de sacrifices.

Il faudra des millénaires pour comprendre que la pluie ne fait pas pousser les arbres mais que c'est parce qu'il pleut que les arbres poussent, et cela change tout.

Comment expliquer la disparition d'un proche emporté par un torrent de boue, une avalanche, des sables mouvants ou frappé par la foudre ? Les esprits y sont sans doute pour quelque chose, alors on s'adressera à plus haut, des demi-dieux, puis des dieux, puis, ce qui est paradoxal, des dieux uniques.

Nous sommes dans les premiers temps de l'espèce humaine dans la crainte des éléments, puis pour tenter de les amadouer nous commençons, pour exhorter la peur, à nous soumettre à l'invisible et à l'adorer.

C'est avec la philosophie et la science, les deux en ces temps-là se confondent, que les superstitions vont commencer à disparaître. Épicure contribuera à les repousser. Il ne s'élèvera pas contre l'existence des dieux mais insistera sur leur indifférence à l'égard des hommes. Les dieux n'ont que faire de nous. Ils sont entre eux dans les inter mondes. Épicure parlera de la foudre, dira qu'elle n'est pas le résultat de la colère des dieux mais une activité naturelle. Les observations scientifiques de l'époque prêtent à sourire, mais il n'empêche qu'elles ont fait reculer les superstitions.

Cela malheureusement ne durera pas. Les Grecs antiques et leurs philosophies vont subir les religions. Il n'est pas de dogmes qui ne fassent pas reculer les connaissances.

Je dirais que la spiritualité peut s'exercer sous au moins trois formes.

Un. Les religions avec un dieu créateur.

Deux. Les religions athées, sans dieu créateur telles que le Bouddhisme, le Taoïsme, le Confucianisme.

Trois. La philosophie, lorsqu'elle est au service d'elle-même.

En général, les croyants ont une spiritualité établie découlant d'une vérité révélée. Détenant la vérité, ils ne sont pas à sa recherche. Ils la détiennent de source divine et sont donc, pensent-ils, dans la vérité du monde. Cela explique de manière certes simple mais incontestable les guerres de religions. Puisque les membres de chaque religion pensent avoir raison, forcément les autres ont tort.

La philosophie me semble plus sereine. Elle est recherche de la vérité, c'est pourquoi elle nous accomplit tout en nous permettant d'évoluer, alors que les dogmes et les idéologies nous soumettent.

Cependant la soumission peut, pour certains, être une forme de liberté. S'en remettre aux dieux donne tranquillité et permet d'accepter plus facilement le réel puisque celui-ci est la volonté de celui ou ceux qui, d'en haut des cieux, tracent nos vies.

Il n'y a pas qu'une seule forme de spiritualité, nous en pouvons compter au moins trois. La spiritualité du croyant et celle de l'athée. Cette dernière se compose de deux parties, qui sont la spiritualité de celui qui est en recherche de la vérité du monde, et celle de celui qui est dans l'acceptation du monde sans se poser de questions.

On pourrait distinguer la spiritualité des croyants et des athées comme suit. Nous allons les mettre en parallèle sans favoriser l'un ou l'autre.
Lorsque le croyant est dans une transcendance, une extase, l'athée est dans une immanence, une enstase.
Lorsque le croyant est dans la foi, dans l'espérance, l'athée est dans la fidélité, dans l'amour.
Lorsque le croyant est dans la prière, dans l'interprétation, l'athée est dans la méditation, dans la contemplation.
Lorsque le croyant est dans la charité, dans la confession, l'athée est dans la générosité, dans la confidence.

Les différences sont nettes, cependant le cas où la croyance en un dieu est reliée à l'immanence existe. Si l'on considère que Dieu et la nature ne font qu'un, que nous somme issus et parties de lui, nous pouvons dire que ce qui en découle n'est pas de l'ordre de la transcendance mais plutôt de l'immanence.

La spiritualité est la partie de la philosophie qui porte sa réflexion sur ce que l'on peut appeler volonté et qui ordonne le monde.

La spiritualité revêt plusieurs formes.

Une. Une spiritualité religieuse issue de la croyance en un dieu créateur.
C'est toutes choses de l'esprit qui se rattachent aux quatre monothéismes, tels que la religion Chrétienne, Musulmane, Juive, Zoroastre.

Deux. Une spiritualité issue d'une croyance sans dieu créateur, ou d'une doctrine.
C'est une spiritualité issue de ce que l'on appelle religions athées, telles que le Bouddhisme, le Taoïsme, le Confucianisme.

Trois. Une spiritualité sans religion mais avec un dieu créateur.
Je pense à Voltaire, anticlérical et déiste, il affirmait son animosité pour la religion mais croyait en un dieu créateur. Il avait su reconnaître le génie de Denis Diderot mais regrettait qu'il fut athée.

Quatre. Une spiritualité athée.
C'est ne pas penser possible l'existence d'un ou plusieurs dieux. Avec parfois peu de sympathie pour les religions en général.

Cinq. Une spiritualité sans religion dans l'acceptation du réel.
C'est la spiritualité de ceux qui font corps avec le monde en étant dans l'acceptation inconditionnelle de celui-ci.

Six. Une spiritualité sans religion et avec un dieu non créateur.
C'est une croyance sans transcendance appelée aussi panthéisme, le monde, la nature sont Dieu, toutes choses de l'univers sont issues et parties de Dieu, c'est-à-dire de la nature. Dieu et la nature ne font qu'un en immanence. Albert Einstein appréciait cette idée. Il disait que s'il devait croire en un dieu, ce serait sans doute celui de Baruch Spinoza.

Sept. Une spiritualité issue de l'immanence et de la transcendance.
Très proche du panthéisme, on la trouve chez les Aztèques, chez les Amérindiens iroquois mais surtout dans la religion hindouiste. Dans le panthéisme, Dieu est tout et tout est Dieu. Dans le panenthéisme, Dieu est tout et tout est en Dieu. Dieu est donc nature et au-dessus de la nature. Il est à noter que le yoga rattaché à l'hindouisme donnera le tantra qualifié d'autre sexualité, de spiritualité sexuelle.

Huit. Une spiritualité philosophique.
C'est la spiritualité de ceux qui cherchent à comprendre le monde. A-t-il une origine ou non ? La vie a-t-elle un sens ? Qu'est-ce que la vie ? Vient-elle d'ailleurs, de quelque part dans l'univers ? Est-elle apparue sur terre et comment ?
La question de la vie a toujours préoccupé les hommes. Nous ne savons toujours pas ce qu'est la vie, nous pouvons

dans une certaine mesure agir sur elle mais nous ne savons pas la créer. Elle est la force qui anime le végétal, l'animal et l'humain. Il me semble que si l'on découvrait d'où vient la vie, les croyances n'auraient plus lieu d'être.

Je pense qu'une volonté s'exerce dans l'univers. Cette volonté agit sur tout ce qui est, nous pouvons tous les jours voir son action et c'est sur le vivant que cela est le plus notable. Il peut nous paraître ordinaire parce qu'habituel qu'une graine germe, qu'un gland devienne chêne ou qu'un chien et une chienne puissent avoir des chiots. Les plantes, les arbres s'accroissent, se développent, poussent l'espace qui les enveloppent. Cela est merveilleusement banal. L'accomplissement du fruit qui devient arbre, les Grecs anciens appelaient cela le telos. L'effort de persévérer dans son être, la puissance d'exister, de résister et d'agir, Baruch Spinoza appelait cela le conatus. La plante qui apparaît et s'accroît dans un milieu aussi hostile qu'une cour de béton, Friedrich Nietzsche appelait cela la volonté de puissance, et puis le vouloir vivre de Arthur Schopenhauer, et puis l'élan vital de Henri Bergson et etc...

Tous les philosophes, à part ceux qui pensent qu'un dieu est à l'origine de toutes choses, nourrissent l'idée d'une volonté qui s'exercerait sur le vivant animal et végétal et même aussi sur le minéral.

C'est cette volonté, nous dit Arthur Schopenhauer, qui nous fait nous reproduire, avoir des enfants. La reproduction est due à notre désir d'enfants mais ce désir provient de cette volonté qui s'exerce sur le monde.

Nous nous pensons comme unité alors que notre corps ne pourrait être s'il n'était pas composé de multiples créatures.

Il semblerait que cette volonté s'exerçant sur ces différentes créatures rende possible notre existence !

Peut-être lorsque nous avons des enfants, ce sont moins nous qui nous reproduisons que les cellules qui nous composent qui se multiplient, faisant ainsi le jeu de la volonté. Nos actions, nos choix, nos amours, nos désirs sont, selon Arthur Schopenhauer, le résultat de l'emprise de cette volonté sur nous.

Peut-être y a-t-il, comme pensaient les anciens, une âme, l'âme du monde qui serait Tout et parties du monde. Il y a à mon avis chez les Grecs anciens, dans leur pensée que d'aucuns pourraient qualifier comme naïve, une grande modernité. Je pense là à des philosophes tels qu'Anaxagore ou Empédocle.

Cette âme du monde, refuge de toutes les âmes, pourrait être si vous me permettez cette hypothèse, la volonté dont parle Arthur Schopenhauer.

Est-ce que cette volonté aurait conscience d'elle-même ? Si oui, elle est un Dieu !

Je n'ai pas parlé ici d'agnosticisme. La foi, la réflexion et l'acceptation de ce qui est, m'ont semblé ici plus pourvus d'intérêt.

L'Homme a-t-il besoin de croire en un ou plusieurs dieux ?

Si l'on considère que l'Homme a besoin de croire en un ou plusieurs dieux, c'est que l'on pense cette croyance nécessaire, indispensable, inéluctable. Il me semble que toute croyance devrait être le fruit de notre propre désir, et non pas insufflée par un tiers ou par la force de la méconnaissance.

Il appartient à chacun en son âme et conscience d'adopter pour lui-même un système de pensée sans qu'il en fasse le prosélytisme ni un élément de ségrégation qui le placerait en-dehors ou au-dessus de ses semblables.

Vous ne le croirez jamais.

Tout là-haut sur les toitures,
Des anges s'apprêtent à pique-niquer,
Ils sortent pain, fromages et confitures,
Bouteilles de bière, de blanc et de rosé.

Une grande nappe serait utile
Mais les tuiles sont en pente,
Alors ils posent ce qui est fragile
Sur des cheminées géantes.

Je sais que vous ne me croyez pas,
Et cela, non à cause des anges,
Ce qui vous trouble, c'est leur repas,
Que voulez-vous, un ange ça mange !

Il est vrai que la spiritualité
Jadis faisait des adeptes,
Aujourd'hui, les toits sont pollués
Et les anges ont rangé leurs assiettes.

Alors, de chimères en vérités,
Nos sermons, nos passions et nos prières
Nous empêchent, les yeux baissés,
De voir sur les rebords et les gouttières

Moults chats et anges danser.

La jalousie.

Voilà un sujet peu souvent traité par les philosophes. La jalousie est plutôt le domaine des psychologues, nous allons tenter de lui donner une dimension philosophique.

Il est à noter que la jalousie est un sujet ressenti comme douloureux et paradoxalement considéré aussi comme futile, nous ferons tout au long de ces lignes la part des choses.

Par cause de jalousie des hommes et des femmes abrègent leur propre vie et parfois aussi d'autres. Autant dire que cela ne reflète pas la joie de vivre. Nous allons nous pencher sur les mécanismes de la jalousie, afin de comprendre le fonctionnement de ce sentiment. Ainsi nous aurons la possibilité de lui faire face, de l'éviter et trouver une solution pour répondre lorsque l'on y est confronté. Car nous ne pouvons que mal lutter contre, si l'on ne sait pas contre quoi l'on lutte.

Quel type d'émotion est la jalousie.

La jalousie est une émotion composite, c'est-à-dire pour donner un exemple qu'elle se différencie de la peur, la tristesse, la joie et la colère qui, elles, se suffisent à elles-mêmes.

Il y a de la peur dans la jalousie, cette peur n'est pas forcément une peur panique ou insurmontable. Cela peut être de l'anxiété ou de l'angoisse ou simplement de la crainte. Peur de perdre l'autre, l'être aimé, peur qu'il s'éloigne.

La colère est aussi présente, elle correspond à notre difficulté d'accepter le réel, elle est générée par la perception que nous avons de l'injustice, mais elle se manifeste le plus souvent en réponse à notre égo.

Il y a aussi de la tristesse à se sentir floué, délaissé, mis de côté au profit de quelqu'un d'autre.

Même la joie est parfois présente, ce qui, j'en conviens, peut paraître impossible. Mais force est de constater que lorsque la jalousie devient ce que l'on appelle une passion triste, le jaloux trouve en son mal quelques plaisirs à souffrir. Jacques Lacan exprime cet état de fait à sa manière, en bidouillant les mots. Il mélange jalousie et jouissance et invente le mot « jalouissance ».

Mais revenons aux émotions. La jalousie ne se contente pas des émotions principales dont nous avons parlé, mais aussi de celles que nous pouvons appeler secondaires telles que le dégoût, l'étonnement. Nous avons là un aperçu de la complexité de la jalousie, qui est bien sûr plus ou moins importante selon les circonstances et les personnes qui les vivent.

Comme toutes les émotions, la jalousie est une réaction. On parle de réaction psycho-physique. Il y a une interaction entre le psychisme et le corps, l'émotion naît de cette interaction. Il y a toujours cette interaction physico-psychique ou psycho-physique.

Il est temps de faire la différence entre le sentiment de jalousie et cette émotion que l'on nomme jalousie.

Ce qu'il faut bien réaliser, c'est que nous sommes responsables de l'interprétation de ce que nous percevons. Voir le monde en noir, ce n'est pas forcément une fatalité. Nous pouvons, si nous le voulons, faire un effort pour mettre un peu de couleur dans notre vie. Lorsque l'on baisse les bras, que l'on s'en remet à un destin hypothétique, que l'on se résigne, il ne faut pas s'attendre à être heureux. Ne rien faire, c'est se laisser dépérir. Modifier notre perception afin de ne plus voir le mauvais côté des choses, cela permet d'objectiver. Il n'est pas inutile de rappeler qu'être heureux dépend de la volonté alors que le malheur n'en a pas besoin. Il est possible d'éviter les jugements de valeur, lorsque nous considérons un événement comme bon ou mauvais, nous agissons aussi sur notre humeur. Prendre la vie comme elle vient serait déjà bien, être dans une sorte de neutralité. Cependant, voir le bon côté des choses, éviter le pessimisme ne peut qu'être bénéfique. Le monde est tel que nous nous en faisons l'idée, en ce sens nous sommes créateurs du monde, du moins du nôtre.

Il faut reprendre la responsabilité du ressenti de ce que nous vivons. Il y a des signes que nous interprétons, mais pensons bien que ces signes sont ressentis en fonction de ce que nous sommes nous-mêmes. La vie est un peu comme une auberge où nous ne trouverions que ce que nous y apportons. Lorsque nous sommes déprimés, les signes ne sont jamais très réjouissants. Ce que nous ressentons est subjectif et ne correspond presque jamais au réel, c'est-à-dire au monde tel qu'il est.

En ne nous compliquant pas, nous allons voir assez simplement le parcours des émotions et en particulier celui de la jalousie.

La jalousie envahit notre centre des émotions qui se trouve dans le cerveau. À ce moment, nous sommes dans le ressenti et non dans la pensée, ni dans la raison. L'émotion est toujours première, nous ressentons les choses, nous les interprétons après.
Nous visualisons donc la jalousie dans notre centre des émotions. Imaginons maintenant que dans ce centre se trouve un standardiste qui téléphone au cortex cérébral pour lui annoncer la venue imminente de la jalousie. Maintenant, l'émotion n'est plus seulement que ressenti, elle est désormais pensée.

Le sentiment prend naissance, mais à quoi correspond le sentiment ?

Il est l'histoire que l'on se raconte. Le jaloux se raconte une histoire. Elle correspond à son interprétation des faits et des signes qui vont dans le sens de sa pensée. Cette histoire que le jaloux s'invente tourne et tourne dans sa tête de manière récurrente. Le jaloux s'enferme dans une auto-persuasion.
Enfin tout de même, une heure pour aller chercher de l'essence, je ne peux tomber dans le panneau !
L'histoire tourne en boucle et se transforme en passion triste. C'est-à-dire dans une passivité de souffrance.

Il est amusant de constater qu'au début de la jalousie, il y a le ressenti, puis le sentiment pour finir par se transformer en ressentiment.

La jalousie opère.

La jalousie commence son travail. Le jaloux cherche et recherche, il fouille dans les poches, les sacs, les tiroirs. Il inspecte le contenu des téléphones, relève le kilométrage et la consommation de carburant lorsqu'il s'agit du véhicule de la personne suspectée. Cela devient une obsession, ça tourne, ça tourne et n'en finit pas.

Il y a une manière d'éviter la jalousie.

Lorsque nous ressentons la jalousie, cela signifie que l'émotion se trouve dans le centre des émotions. Puis le ressenti se transforme en sentiment lorsque l'émotion atteint le cortex cérébral. Le sentiment, c'est l'histoire que nous nous faisons, c'est l'interprétation de ce que nous pensons être la vérité d'une situation.

Au lieu de tourner cette histoire en boucle dans notre tête, ce qui a pour effet d'installer la jalousie en nous, pensons que nous sommes des êtres de raison. Envoyons le sentiment de jalousie à la raison avant qu'il s'installe solidement comme une ancre fixée dans le sol des profondeurs.

La raison permet d'objectiver le sentiment de jalousie, de faire la part des choses. Alors que lorsque nous faisons tourner le sentiment de jalousie en boucle, nous ne sommes plus capables d'objectivité. Nous nous racontons une histoire qui ne correspond la plupart du temps que peu à la réalité.

Le jaloux entre dans cette conviction que l'autre le trompe. Il est dans cette croyance et méfions-nous des croyances car elles sont toutes auto-renforçantes. C'est-à-dire que les croyances ont en elles-mêmes leur propre moteur. Nous constaterons aussi que les croyances s'appliquent à ce qui n'existe pas et à ce dont on ne peut prouver l'existence. Puisque le jaloux croit, il n'est pas dans la constatation des faits. Il s'invente son histoire de souffrance.

Le jaloux voit autour de lui des signes qu'il interprète dans le sens de ce qu'il pense. Mieux encore, il cherche dans ce qui l'entoure des signes lui donnant raison, des signes dont lui seul a l'accès et qui sont pour lui autant de preuves.
Le jaloux fait le tri dans sa perception de ce qu'il s'attend à trouver. Il crée des situations qui vont avec sa cohérence et de manière non consciente, il crée ce qu'il redoute.
Le pire est que souvent il crée ce qu'il craint. L'autre, excédé, finira parfois en désespoir de cause par donner raison au jaloux en le trompant pour de bon.

Connais-toi toi-même.

Sur le temple de Delphes dédié au dieu Apollon est portée une inscription dont la traduction nous donne la phrase suivante : connais-toi toi-même.

La plupart des gens confondent connais-toi toi-même et qui suis-je, ce qui n'est pas la même chose.

Connais-toi toi-même signifie, connais ta place. Ta place dans l'univers, le monde, la société, la famille etc... la place est une notion importante en psychologie, par exemple, l'on dit qu'une personne trop grosse ou trop maigre n'a pas trouvé vraiment sa place dans le monde. Pour ce qui concerne la jalousie, se connaître soi-même, c'est connaître ses envies et ses désirs.

La jalousie est souvent due à un mimétisme, la mimesis, un mimétisme où l'on se compare avec l'autre, et généralement nous nous comparons presque toujours, surtout si l'on est envieux ou jaloux, à quelqu'un que nous percevons comme supérieur.

Mais prenons un exemple.

Voilà deux amies, deux jeunes femmes de 25 ans. L'une d'elles a une vie très mouvementée, en particulier les nuits. Elle flirte beaucoup et n'est jamais avec le même garçon. Sa vie est très débridée, libertine et cela lui va bien, elle s'éclate comme l'on dit et ne changerait pour rien au monde son mode de vie.

L'autre n'est pas du tout pareille, elle regarde son amie et se dit qu'elle a bien de la chance de connaître autant de garçons. Petit à petit, la jalousie s'installe dans la jeune femme trop sage à son goût. Alors, au lieu de tomber dans la jalousie, la jeune femme sage s'auto analyse.

Cette auto analyse consiste simplement à faire le point sur ce que nous désirons ou non. Ai-je vraiment envie de fréquenter sans cesse de nombreux garçons. Ai-je vraiment envie de faire constamment la fête avec tout ce que cela comporte comme fatigue et parfois comme ennuis. Non, je ne pense pas. Ce que je voudrais, se dit la jeune femme sage, c'est un homme pour la vie, avec lequel je fonderais un foyer et avec qui j'aurais des enfants, une famille. Voilà ce que je souhaiterais que la vie m'offre. Voilà ce à quoi j'aspire, des enfants qui font ouin ouin, une maison qui carillonne, un chien qui fait ouah ouah, et surtout un mari sur lequel je puisse me reposer.

Forte de cette analyse, la jeune femme sage se demande pourquoi elle serait jalouse de son amie. Elles sont amies et leurs différences ne changent rien à cela, d'autant plus que se connaissant chacune elle-même, aucune des deux n'est jalouse de l'autre.

Le sentiment de jalousie est comme nous le voyons ici inapproprié, en plus d'être désagréable.

Connaissons nous nous-mêmes, analysons nos envies, désirs et apparentés, ainsi nous éliminerons bien des ruminations.

Quelle différence entre envie et jalousie.

Pour faire cette différence, nous allons imaginer que l'un de nos amis a une superbe voiture. Elle est exactement comme nous la voudrions, belle, puissante, confortable, sécurisante etc... il n'y a pas de doute, nous ne pouvons qu'être, pour le moins, envieux de notre ami. Ou alors sommes-nous carrément jaloux ! Encore faut-il faire la différence entre l'envie et la jalousie.

Commençons par l'envie.

Être envieux, c'est être tenté de posséder la même voiture, c'est convoiter la belle voiture de mon ami.

Deux possibilités s'offrent à nous, la première est que nous volons la voiture de notre ami. Bien sûr, cette solution n'est pas recommandable ! La deuxième est que nous faisons la démarche d'acheter la même voiture. Dans ce cas, encore deux possibilités, nous pouvons nous l'acheter ou nous ne pouvons pas. Si nous pouvons nous payer cette voiture, la vie pour nous est belle. Par contre, si nous ne pouvons pas nous la payer, et bien ce n'est pas grave, tant pis c'est comme ça. Il va falloir nous contenter de ce que nous avons. Mais cela ne nous empêchera pas d'être heureux et content que notre ami ait cette voiture. Ce n'est pas parce que nous l'envions que nous allons nous priver de partager sa joie, son bonheur. Il a de la chance, nous ne pouvons pas acquérir une aussi jolie voiture, nous avons ce sentiment d'être heureux à la pensée que notre ami possède ce que nous ne pouvons avoir.

C'est cela être envieux.

Maintenant la jalousie.

Dans la jalousie se trouve souvent une part d'injustice. Pourquoi a-t-il cette voiture et pas nous ? Nous sommes d'accord, pourquoi lui et pas nous ? Ce n'est pas normal, qu'a-t-il fait pour cela, à part s'être donné la peine de naître de parents richissimes ? En plus, il ne sait même pas bien conduire, si nous avions une telle voiture nous en ferions des miracles !

Le sentiment d'injustice est fort surtout que nous savons bien qu'il ne mérite pas d'avoir un tel véhicule, alors que nous, oui.

Nous sommes jaloux de notre ami, mais cela va encore plus loin, car nous jalousons non seulement le fait qu'il ait cette belle voiture, mais plus encore le fait qu'il soit heureux de sa possession. Le jaloux est jaloux du bonheur, du plaisir, du bien-être de l'autre.

Dans la jalousie, on trouve un sentiment d'injustice, un certains mépris pour la personne jalousée et la rage de voir l'autre aussi satisfait de posséder ce que l'on n'a pas.

Voilà, je crois que nous avons bien distingué l'envie de la jalousie.

Le mimétisme.

La mimesis est le fait que l'on se compare toujours à l'autre. Le jaloux veut être l'autre, avoir ce qu'a l'autre, faire comme l'autre.

Il veut ce que tu es, ce que tu as, ce que tu fais.

Le conflit intérieur.

Nous avons en nous ce que l'on peut appeler un centre. La jalousie a pour effet entre autres de nous décentrer. Nous ne désirons plus être nous-mêmes, nous contenter de ce que nous avons, et de faire ce que nous faisons. Nous voulons tout autre chose.

Lorsque nous sommes décentrés, nous subissons un conflit intérieur, je suis moi mais je voudrais être l'autre car il a ce que je convoite et il fait ce que je ne peux faire. Je suis moi en voulant être l'autre, je deviens deux et c'est ce qui génère le conflit intérieur.

Ne pas être jaloux, c'est rester celui que nous sommes avec ce que cela implique de bon comme de mauvais. À partir du moment où je ne suis plus dans la comparaison dévalorisante se rattachant à l'autre, il n'y a là plus de raisons d'être jaloux. Je suis bien centré en moi-même.

Pour éviter la jalousie, le mieux est de garder raison pour ne pas succomber à nos imaginations. Apprendre à se réjouir du bonheur des autres et penser que sans que nous le sachions, il arrive que ce soit nous qui suscitons autour de nous envies, désirs et jalousie.

Remettons choses à plat et pensons que même si ailleurs l'herbe est plus verte, nous pouvons toujours faire en sorte, légalement, de trouver la solution pour pouvoir y baguenauder.

Qu'en pense Roland Barthes.

À propos de la jalousie, Roland Barthes nous parle de solitude et de désuétude.

On entend par là que le jaloux est replié sur lui-même et ne comprend ce qui l'entoure que par l'étroite compréhension qu'il en a.

D'autre part, si nous étions sans empathie aucune, nous pourrions en rire. Les situations dramatiques vues par le prisme de la jalousie ne sont en fait que bien souvent désuètes, futiles.

Roland Barthes pense que le jaloux souffre quatre fois.
La première souffrance est que le jaloux est jaloux.

La deuxième souffrance est que le jaloux se reproche d'être jaloux.

La troisième souffrance est que le jaloux est dans la crainte de faire souffrir son entourage et la personne aimée.

La quatrième souffrance est que le jaloux est assujetti à quelque chose de commun.

En résumé, le reproche du jaloux pour lui-même n'est possible que s'il est conscient de son état. Cela le dépasse, il voudrait être autrement qu'il est.

Il se rend bien compte que son attitude influe sur son entourage. Mais il ne peut sortir de cet engrenage qu'est la jalousie qui s'auto alimente et modifie celui qui en souffre.

Pour finir, comme si cela ne suffisait pas, le jaloux souffre d'être le jouet de lui-même et surtout de subir les conséquences de quelque chose de commun. La banalité de ce qu'il vit, la prévisibilité des situations, le manque total d'originalité poussent le jaloux pour sortir de cette solitude sans relief aucun, à faire ce qu'il pourrait regretter, parfois l'irréparable.

Roland Barthes nous définit le jaloux en quatre mots. Il nous dit que le jaloux est : Exclu, agressif, fou, commun.

Exclu parce que replié sur lui-même, persuadé de la négativité de ce qui l'entoure.

Agressif ne serait-ce que pour lui-même dans un premier temps. Mais cette agressivité ne se limite pas toujours à lui-même. Il est dans une forme d'addiction, une passion triste, une passivité de souffrance.

Fou parce qu'il se crée son propre monde et perçoit les signes en fonction de l'idée qu'il a de la situation dans laquelle il se trouve et qu'il a créée.

Commun parce qu'assujetti à la banalité, à la prévisibilité des situations, au manque total d'originalité comme nous l'avons vu plus haut.

Il n'y a pas que du mauvais dans la jalousie.

Ce qui peut sembler paradoxal à tout ce que nous avons vu est la forme d'une jalousie que l'on pourrait qualifier de relative. Une jalousie avec une dimension bénéfique. Par exemple, si notre conjoint est légèrement jaloux nous pouvons prendre cela comme le signe de son amour pour nous. Un brin de jalousie dans le couple rassure parfois car il est souvent considéré comme une preuve d'amour, d'attachement.

À propos de la famille.

Cela n'est pas trop généraliser que de dire qu'avant, la famille était plus basique. Il y avait la mère, le père et les enfants. Tout cela en apparence était bien structuré et fonctionnait tant bien que mal. Les divorces étaient plus rares, la religion comptait pour beaucoup. Une femme ou un homme divorcé sortait du lot parce que rare. Un homme ne pouvait envisager une présidence s'il n'avait pas femme à son bras.

Maintenant il en va tout autrement. Les couples se fondent, se défont et se refondent, pour le plus grand bonheur des organisateurs de mariages et fêtes en tout genre. Naissent des enfants d'un premier lit, puis d'un second etc... la famille se transforme en une flopée d'ex mari, d'ex épouse, de demis frères et sœurs, sans parler des cousins et cousines. J'abrège le tableau. Il n'est pas difficile de comprendre que tout ce monde est en interaction et que les sentiments de jalousie ne demandent qu'à poindre. Cela nécessite de retisser les liens sans relâche. C'est une gymnastique parfois épuisante qui demande de la part de chacun beaucoup d'efforts, aussi bien pour les petits que pour les grands.

Que nous manque-t-il pour que la jalousie s'impose en nous.

La jalousie aurait comme cause la dégradation d'un, ou de plusieurs besoins, que nous avons en nous. Sans que la liste en soit exhaustive, nous pouvons en dénombrer six.
Les besoins de sécurité, d'appartenance, de reconnaissance, de récréation, d'évolution et d'utilité.

Nous ferons une distinction entre la femme et l'homme sur le besoin de sécurité. La femme a besoin d'être sécure, alors que l'homme, lui, a besoin d'être admiré. Ceci est dit en général et n'est pas à prendre comme une vérité absolue.
Ces six besoins ont une grande importance. Les deux conjoints ont besoin de se sentir en sécurité affective, psychologique, physique.

Se sentir appartenir à l'autre et recevoir sa reconnaissance, cela donne du prix à l'existence.

Le besoin de récréation n'est pas à prendre à la légère. Il nous désenchaîne passagèrement tout en renforçant les liens du couple. Cependant, une récréation peut être vécue à deux en complicité.

Lorsque l'ensemble des besoins est effectif, chaque membre du couple peut évoluer sereinement, sans heurt. Mais peut-être que le besoin d'utilité se distingue des autres par sa quasi universalité. Être utile, c'est se donner des raisons d'exister.

Ces besoins, lorsqu'ils sont altérés, tronqués, absents, lorsqu'ils ne sont plus les piliers et les remparts de nos personnes, à ce moment-là, génèrent la part belle à la jalousie.

Et si la jalousie masculine était causée par la volonté d'assurer notre descendance.

À propos de la jalousie une question reste en suspens.

Il me semble que la jalousie chez les individus mâles pourrait correspondre avec le souci de protéger, d'assurer que la descendance soit vraiment de soi. La jalousie pour certains serait bien plus causée par l'idée de filiation plutôt que l'exclusivité sexuelle, quoique que cette dernière soit importante et en rapport direct avec l'égo. Une paternité sûre avec des enfants bien à soi, on retrouve le besoin de sécurité dont les hommes ne sont pas dépourvus. Ceci dit, il paraît que trente pour cent des enfants ne sont pas de leur père, père et géniteur n'étant pas la même chose

Le plaisir de souffrir.

Le jaloux est dans une souffrance. Il ne peut s'empêcher de fouiller poches, tiroirs, téléphone, inspecte kilométrage et consommation du véhicule. Cette souffrance comme ses recherches n'ont de cesse, alors il change non consciemment cette souffrance en jouissance. Le jaloux va trouver du plaisir à fouiller, surveiller, examiner les rendez-vous chez le docteur, l'esthéticienne ou à la piscine, le jaloux se crée une forme de jouissance.
Lorsque survient la prise de conscience de cet état de fait, la jalousie est révélée et peut à ce moment-là être combattue et vaincue.

Mademoiselle K.

Il m'arrive parfois, lorsque j'écoute de la musique, de relever tout ou partie des paroles d'une chanson. Cela est une aubaine pour qui fait des ateliers philo. Bien souvent, au fil des mots, apparaît une idée ou une situation qui en quelques lignes explique bien mieux qu'un long propos.
J'ai relevé cette phrase dans la chanson « Jalouse » d'une jeune artiste nommée Mademoiselle K.
Elle dit, « Et même si c'est moi qui casse, je m'en fous, j'veux pas qu'on me remplace. »
On comprend qu'il s'agit d'une rupture et Mademoiselle K dit bien j'veux pas qu'on me remplace et non j'veux pas que tu me remplaces, ce qui laisse supposer que la jeune femme, du moins celle du texte de la chanson, est nettement

supérieure à tous les tu existant sur cette terre. Si elle disait, j'veux pas que tu me remplaces ou en s'adressant à quelqu'un d'autre, j'veux pas qu'il me remplace, cela pourrait signifier qu'elle a de l'amour pour son conjoint. La jalousie fait naître en cette jeune femme un égo surdimensionné, ou peut-être est-ce parce qu'elle a cet égo qu'elle est jalouse.

En fait, par-dessus tout, c'est elle qu'elle aime. Et même si c'est moi qui casse je m'en fous, dans ce cas là, l'autre n'est plus que mon joujou, mon objet, mon jouet qui n'appartient qu'à moi, même si je jette mon jouet, je ne veux pas qu'une autre s'amuse avec !

C'est une superbe chanson avec un bel accent de sincérité qui décrit magnifiquement ce que peut ressentir la ou le jaloux.

Le jaloux n'a pas confiance en lui ni en l'autre, il est exclusif, toujours à l'affût du moindre signe qui pourrait lui donner raison, aller dans le sens de sa cohérence. Bien sûr, c'est une chanson et il serait idiot de chercher à travers les mots, les lignes de ce texte ce qu'est ou ce que n'est pas Mademoiselle K.

Je vous invite à écouter son disque.

Pour finir sur une note humoristique, Marcel Achard disait :
Dans un couple, l'un au moins doit être fidèle et de préférence l'autre.

Ce n'est pas un problème.

Faudrait pas que je m'énerve, du calme.
Faudrait pas que j'en vienne aux mains. Quand même,
Ce n'est pas un problème moi si je l'aime !
Je veux tout d'elle, son corps, son cœur, son âme.

J'examine tous ses mots et tous ses gestes.
Je fouille et découvre ce que je cherche.
Je n'ai pas besoin qu'on me tende la perche...
Pour voir ce cheveu sur le col de sa veste.

Non ! Il n'y a pas de doute, elle me trompe.
Cette traîtresse voudrait bien que je rompe.
Elle peut toujours attendre. Je la surveille.

Et c'est aujourd'hui, ou demain, que je saurai,
Déçu par son infidélité sans pareille,
Reprocher ce qu'elle n'aura pas encore fait.

Identité personnelle, identité du couple et rupture amoureuse.

Lorsque nous parlons communément d'identité, nous pensons en tant que Français, à cette identité qui nous relie à notre pays la France. Nous avons pour la justifier en cas de contrôle une carte que normalement, nous devrions toujours avoir sur nous.

L'identité dont nous allons parler maintenant est tout autre chose. Il s'agira de l'identité personnelle, de celle du couple, et de la transformation de celle-ci générée par la rupture de celui-ci.

Identité personnelle.

Henri Bergson disait : Nous avons tous les âges à chaque instant de notre vie.

La mémoire y est bien sûr pour beaucoup, nous ne sommes pas seulement celui qui est ici et maintenant, mais aussi tous ceux que nous avons été, et qui se manifestent inopinément.

Si notre identité est faite de tout et de tous ceux que nous avons été, nous pouvons dire aussi qu'elle sera à l'avenir, faite de tous ceux que nous serons. Ce qui nous permet de dire que rien n'est figé en une vérité immuable, un Moi intérieur qu'une certaine psychanalyse voudrait nous faire avaler.

À peine le présent est il, qu'il n'est plus, nous ne sommes qu'en tant que nous avons été, l'être se construit, se modifie, se modèle à la manière d'une pâte à modeler, c'est ce qui fait que s'il est vrai que nous sommes ce que nous avons été, il est aussi vrai que nous serons inéluctablement un autre nous-même.

Notre identité est devant nous. Orienter sa vie, c'est tenter de devenir ce que nous voulons être. Rester soi-même sans être celui que nous avons été, cela est possible, ou en tout cas envisageable. Il n'y a pas de fatalité, notre identité est devant nous ! Nous pouvons nous parfaire comme nous défaire, nous reconstruire comme nous détruire, cela est à chacun.

En pensant dans l'ordre d'idées de Clément Rosset, je dirais que nous sommes faits de couches superficielles culturelles, sociales, cultuelles etc...

Nous sommes faits de ces couches qui colorent notre identité tel un glacis sur la toile du peintre. Ce qui nous entoure, le monde, les autres, déteint sur nous. Le monde nous fait de même que ce que nous faisons nous fait. Nous sommes ce que nous faisons, nos actions nous révèlent. Soyons conscients que nous pouvons agir sur notre personnalité selon que nous faisons ceci ou cela.

Identité du couple.

Deux personnes se rencontrent, deux femmes, deux hommes, une femme et un homme, peu importe. Ils vont constituer un couple. Il y a un proverbe qui énonce : qui se ressemble s'assemble. Mais il me semble que le contraire est encore plus vrai : qui s'assemble se ressemble, qui s'assemble finit par se ressembler.
Dans les vieux couples, souvent lorsque l'un commence une phrase, l'autre la finit.

Nous connaissons tous l'histoire du vieux couple qui toujours se dispute. Un jour, une personne demande à la dame :
- Vous vous disputez tout le temps, pourquoi restez-vous ensemble ?
Et la dame répond :
- Parce que c'est avec lui que je me dispute le mieux !

Lorsque deux personnes forment un couple, nous pouvons remarquer que l'un déteint sur l'autre et vice versa. Les deux échangent et mélangent paroles, sensations, chaleur, fluides et même bactéries. Tous ces échanges font qu'il y a, pour employer un mot de Henri Bergson, compénétration. Ce mot convient et illustre parfaitement le sujet. Cette compénétration agit à plusieurs niveaux y compris celui du psychisme. L'un entend ses propres expressions chez l'autre, sans s'apercevoir que lui-même en fait tout autant. Chacun vit à la mesure de l'autre, l'heure du coucher, du réveil, du repas etc.., ne serait pas la même en vivant seul. Chacun apprivoise l'autre en se laissant apprivoiser aussi. De nouvelles habitudes sont observées, qui font que l'identité de chacun ne sera plus la même que celle précédant la rencontre. Chacun va faire sienne la partie de l'autre qui déteint sur lui.

Cela me fait penser à une définition de la vie que j'ai entendue prononcer par Michel Serres : Vivre, c'est prendre du pas nous pour en faire du nous.

L'acte de manger en est l'exemple le plus simple. Prendre un fruit, du pas nous, le manger et il devient du nous ou du moins il contribue à nous faire devenir.

Le couple, c'est cela même, chacun prend de l'autre et devient lui-même. Il y a compénétration dans tous les domaines susceptibles de confrontations. Ce qui a pour conséquence de modifier l'identité. Nous sommes toujours nous, évidemment, mais désormais, une partie de l'identité de l'autre a été en quelque sorte avalée par moi et participe à me faire devenir ce que je suis.

Pour le dire plus simplement, chacun déteint sur l'autre et c'est ce qui les fait se ressembler.

Transformation de l'identité lors d'une rupture amoureuse.

Une partie de notre identité s'échange avec une partie de l'identité de notre conjoint. Nous sommes façonnés par l'autre comme nous le façonnons. Nous ne pouvons pas envisager de vivre sans l'autre. Le temps s'écoule aux rythmes des interactions, des complicités, des connivences. Puis un jour l'un des deux trompe l'autre, va voir ailleurs comme l'on dit.

Parfois, cela est si insupportable que le couple ne résiste pas à cette épreuve. Il y a séparation ou plutôt l'on devrait parler de rupture. Une séparation, c'est par exemple lorsque deux amis se séparent pour rentrer chacun chez soi. Une rupture, c'est tout autre chose. Il y a rupture lorsque un objet est rompu, alors qu'une séparation n'est que l'éloignement de deux parties. Le couple, réunion de deux personnes n'en est pas moins **un**. Sa rupture est une déchirure, vécue comme telle, surtout par le conjoint trompé.

Nous allons supposer que l'épouse trompe son mari.
En allant voir ailleurs, elle déchire le couple. Elle emporte avec elle une partie de son mari, une partie de son identité. Le mari se retrouve esseulé, privé d'une partie de lui-même qui s'en va avec son épouse. Elle a en elle une partie de lui et les deux conjoints ensemble formaient une seule et même chose que l'on nomme un couple. Le mari est désemparé, elle, sa moitié, s'en est allée. Le couple n'existe plus et une partie de l'identité du mari a été arrachée et emportée suite au départ de l'épouse.
Le mari devra passer par bien des souffrances pour reconstituer une nouvelle identité, il est perdu et ne se reconnaît plus.
C'est pour cette raison qu'il est conseillé après une rupture de laisser passer du temps avant de retrouver un autre conjoint. Ce temps sert à se reconstituer, se ressourcer, se reprendre.
Pendant ce temps, l'ex épouse échange avec un autre homme. Ce qui avait eu lieu avec son mari a de nouveau lieu avec son amant. L'épouse prend de son amant et donne à

celui-ci de son identité, qui est la résultante de ses amours précédentes.

Mais l'histoire ne se termine pas forcément ainsi. Parfois, l'épouse a le désir de retourner avec son mari, afin de reformer leur couple. Mais elle n'est plus vraiment comme avant, chargée qu'elle est d'une partie de l'identité de son amant. Ils pourront peut-être reformer couple mais il ne faut pas s'attendre après une rupture à ce que ce nouveau couple soit la réplique du premier.

Les rapports humains sont d'une grande complexité et l'on pourrait dire que les situations sont nuancées. Chacun a sa culture, sa manière d'envisager, de comprendre, de ressentir, de percevoir. Dire que tous les hommes ou que toutes les femmes sont les mêmes serait faire une grossière erreur.

Il reste beaucoup à explorer, l'éventail est large entre l'amour exclusif et le libertinage.

Telle est prise.

Elle est partie avec les mauvais souvenirs,
Chacun ses goûts, j'ai préféré garder les bons.
Si elle a rompu, c'est qu'elle avait des raisons.
Elle m'aura offert un bien beau devenir.

Elle n'a pas aimé me voir avec une autre,
Pensait-elle que j'entrerais dans les ordres ?
Oh non ! Cela aurait fait un beau désordre !
Il m'est trop tard pour les vertus d'un apôtre.

Dans nos cœurs garçons, les femmes vont et viennent,
Il en est pour qui nous fermons les persiennes.
Nous les capturons en leur coupant les ailes.

Ainsi les demoiselles deviennent dames,
Et je suis sans regrets que m'ait quitté celle
Qui croyait que mon cœur était en réclame.

Faire du bien à autrui, est-ce d'abord se faire du bien à soi ?

Voilà une phrase que l'une des participantes de l'atelier me donna comme sujet.

Cela est précieux, il y a derrière cette proposition une attente parfois insoupçonnée. Je me dois donc de prendre avec considération cette suggestion, car elle sera l'objet d'une prochaine séance.

Bien entendu, il ne s'agit pas là de faire une pseudo psychologie de bazar. Je ne me permets pas de me demander la ou les raisons qui amènent les participants à me proposer tel ou tel sujet. D'ailleurs, il est fort probable que cela soit juste un désir de participer. Je trouve qu'il y a quelque chose de très agréable, voire de valorisant pour les participants, d'avoir autour de quatre-vingt-dix minutes consacrées à leur proposition.

Ils posent en quelque sorte leurs pierres, contribuant à l'édifice philosophique, que souhaiter de plus gratifiant. J'aime que le groupe prenne part à ce qui est fait, j'aime aussi que les sujets ne proviennent pas exclusivement de mon fait.

C'est ainsi que je procède, en considérant toutes phrases recevables, ainsi que toutes idées de sujet, porteur de significations immédiates et d'autres différées. Il y a donc dans toute phrase un sens premier suscitant des réactions telles que la stupéfaction, la curiosité, l'étonnement, le doute et même parfois le rire. Il y a aussi presque toujours un ou plusieurs sens cachés, on pourrait parler de premier, de deuxième, voire de troisième degré. Il me semble bon d'analyser la phrase en question pour la délivrer de tous ses sens, y compris les sens cachés, ceux dont l'auteur même ne soupçonne pas l'existence, ceux qui bien souvent ne se dévoilent qu'au lecteur.

Voici le moment venu de délivrer aux participants le fruit de mon travail.

Mais quelque chose me chiffonne un peu, je trouve à cette phrase une connotation érotique, ou du moins ambiguë. Il y a encore à notre époque des sujets difficiles à aborder, presque tabous : le sexe, la religion, la mort et même un certain vocabulaire que je définirais comme coloré qui parfois choque. Cela pour autant ne m'empêche pas de franchir la frontière du poliment correct. Se priver d'une partie du langage, c'est tronquer la pensée, le discours, la réflexion. Mon analyse portera sur cette phrase et non sur ce qu'elle pourrait évoquer de la personne qui me l'a proposée.

Faire du bien à autrui, est-ce d'abord se faire du bien à soi ? Cela fait rudement penser à : il n'y a pas de mal à se faire du bien etc... Cette phrase contient en elle une dimension érotique et de culpabilité. La culpabilité liée aux plaisirs me semble être la direction à prendre. Ce qui me permet de faire remarquer aux participants que la phrase emploie les mots, faire du bien et non pas faire le bien, la nuance me paraît intéressante à travailler d'autant plus qu'un contre-sens est toujours possible.

Il y a une différence notable entre faire du bien et faire le bien, il s'agit de l'intention. De même il y a une intention lorsque l'on fait le mal. Si je marche sans faire exprès sur le pied d'une personne, je lui ferai sans doute du mal, mais si je prémédite cet acte, alors là c'est le mal que je fais, mal consécutif de l'intention qui en est la cause.

Cette phrase, faire du bien à autrui, est-ce d'abord se faire du bien à soi ? résonne comme un chiasme, on sent bien deux parties dont le « est-ce » serait l'articulation, un peu à la manière d'un papillon. Un chiasme, c'est par exemple, je mange pour vivre, je ne vis pas pour manger, et cet autre signé Serge Gainsbourg, je cite de mémoire, « il faut prendre les femmes pour ce qu'elles ne sont pas, et les laisser pour ce qu'elles sont. »

Je libère la phrase du mot « d'abord », car je le ressens comme un frein pour ma réflexion, je le réintroduirai lorsque son utilité sera une évidence.
Nous nous retrouvons donc avec, faire du bien à autrui, est-ce se faire du bien à soi ?
Je ne fais pas plus durer le suspense, à cette question nouvellement formulée la réponse est oui.
Des travaux en IRM confirment cette intuition. Il y a dans notre cerveau une zone que l'on voit par l'IRM s'éclairer lorsque l'on donne ou que l'on reçoit, c'est la zone du plaisir.
Faire du bien à soi, faire du bien à autrui, procure un sentiment de bien-être, sans conteste le plaisir est bien présent. Ce plaisir issu du plaisir de donner génère un sentiment de culpabilité, celle-ci renforcée par le mot,

d'abord, que j'ai momentanément écarté par souci d'une meilleure compréhension. Mais cette culpabilité est-elle rationnelle puisque, que l'on donne ou que l'on reçoive, le plaisir est au rendez-vous ?

Mais réfléchissons sur la moralité.

S'il est vrai qu'il y ait du plaisir à donner, et que cela soit naturel puisque dépendant du fonctionnement même du cerveau, peut-on dire pour autant que cela soit moral ? Est-ce que le plaisir que l'acte de donner me procure peut être considéré, ou plus grave, ressenti, comme immoral ?
Il me semble, pour déterminer de la bienséance de l'acte de donner, utile de faire appel à un penseur français nommé Nicolas Roch de Chamfort.

Que nous dit Monsieur de Chamfort ?

« Jouis et fais jouir, sans faire de mal ni à toi ni à personne, voilà je crois toute la morale. »

On pourrait en d'autres termes dire que tout est permis si cela ne nuit à quiconque. Cette phrase résonne comme un conseil, si le mal est absent, alors tout est moral, ne nous privons pas du plaisir.

Il semble que le plaisir est indispensable pour le vivant. Il est un moteur, celui du désir.
Sans plaisir ni promesse de plaisir, il n'y a pas de désir, et sans désir, il est difficile de trouver en soi la puissance

d'acter. Il va de soi que ce que l'on entend là par plaisirs sont toutes sortes de plaisirs. L'éventail s'échelonne de la plus simple satisfaction au plus puissant orgasme. Le plaisir suscite le désir car sans lui ne restent qu'obligation et du faire à contre cœur. Cela fonctionne toujours de la même manière, le désir suscité par le plaisir ou sa promesse permet de trouver en soi la puissance d'acter.
Désir...Plaisir...Puissance...Acte.

Il est à noter que la puissance permet d'acter mais que l'acte révèle la puissance, ce qui revient à dire que le faire est la réalisation de l'être.
Nous sommes ce que nous faisons et ce que nous faisons nous fait.

Nous parlons là du plaisir sous ses différentes formes mais un autre élément entre en jeu qui est l'amour. Car se faire plaisir, c'est tout d'abord avoir de l'amour pour soi, l'amour de soi. Lire un bon livre, se payer le cinéma ou un restaurant, cela n'est envisageable que si l'on n'est pas dans une détestation de soi.

L'amour de nous pour nous est, il me semble bien, causé par la gente féminine, en particulier lorsque nous étions bébés et petits enfants. Les femmes en général, qu'elles soient mères, grand-mères, belles-mères, cousines, sœurs etc..., ont souvent tendance à s'extasier devant les tout-petits et bien sûr devant les toutes-petites. Dans la majorité des cas, les enfants reçoivent par leur entourage des centaines de messages d'admiration, de tendresse, d'amour. Comment peut-on avec tout cela ne pas s'aimer soi-même ? Placé sous des projecteurs de bienfaisance, le petit Artiste exulte. Cela est causé par les femmes mais je dirais plutôt en émettant un jugement de valeur que cela est grâce aux femmes, car l'amour qui en naît est le pilier du bien savoir vivre.

Nous allons voir que se faire plaisir résulte d'un amour de soi et que cet amour, loin d'être méprisable, est en fait la base de tout rapport équilibré.
Cet amour que j'ai en moi, cet amour de moi pour moi, ce n'est pas de l'amour propre, ce n'est pas de l'égo au sens d'égoïsme, d'égotisme ou d'égocentrisme. C'est un amour qui me permet d'avoir estime, respect et confiance en moi.

Pour faire simple, je dirais que l'on ne reconnaît que ce que l'on connaît. Ainsi donc, l'amour que j'ai en moi, cet amour de soi me permet de reconnaître et d'accepter l'amour qu'autrui me donne. Il me permet de saisir la main que l'on me tend. On connaît malheureusement les difficultés à accepter une aide pour ceux qui n'ont dans leur jeunesse pas ou peu reçu d'amour.

Pourquoi se priver de la simplicité, continuons avec elle, en énonçant le truisme suivant qui est, l'on ne peut donner que ce que l'on a. Il parait évident que l'on ne peut donner d'amour que si l'on en a en soi, donc que si l'on en a reçu. Sans amour de soi, sans amour en soi, comment reconnaître ce que l'on ne connaît pas et comment donner ce que l'on n'a pas ? L'évidence naît d'elle-même. Ce qui est mauvais et immoral découle d'une intention mauvaise et immorale. Il me semble que si une personne fait du bien à une autre personne, sans en attendre un intérêt cupide, cela va plutôt dans le bon sens. Le plaisir que l'on peut avoir en retour du bien que l'on fait, est une satisfaction légitime et conséquentielle. Si l'on prend garde à ne pas faire de mal ni à soi, ni aux autres, pourquoi alors se priver de donner. Et même si donner en rendant heureux était fait dans le seul but d'avoir du plaisir en retour, je ne suis pas sûr que l'on puisse considérer cela comme vraiment mauvais.

La deuxième partie de la phrase, c'est-à-dire, se faire du bien à soi, peut être entendu comme suit, se faire du bien, faire du bien à soi.
Ainsi nouvellement écrite, on peut remarquer une similitude entre la première et la deuxième partie de la phrase.

Première partie : Faire du bien à autrui.
Deuxième partie : Faire du bien à soi.

Dans cette configuration, soi est similaire à autrui, ce qui met soi et autrui sur un plan d'égalité. Soi est considéré comme autrui, il perd de son intérêt et gagne en neutralité.
Faire du bien à soi, c'est se faire du bien. C'est pouvoir dire je me fais du bien, et donc poser la question, qui me fait du bien ? La réponse est, celui qui me fait du bien c'est je.
Donc si c'est je qui me fait du bien ce n'est pas moi, et si ce n'est pas moi, je ne suis donc pas responsable.
« Je est un autre » , nous disait au 19ème siècle le poète Arthur Rimbaud.

Nous sommes là au troisième niveau de conscience. Dans le troisième niveau de conscience, nous sommes dans une pensée réflexive. Une pensée qui se pense. Ce troisième niveau permet de différencier notre être constitué de celui en devenir qui est moi-même mais toujours dissemblable de moi-même.

Il y a dans la formulation de la deuxième partie de la phrase le désir non conscient d'échapper aux responsabilités causées par la culpabilité due au fait de prendre plaisir à donner. Cela serait si simple, si facile d'admettre et d'assumer sans complexe qu'il est bon d'aimer à être bien dans sa peau, dans son être. La joie est une émotion qui nous donne une sensation d'expansion, d'accroissement de l'être, d'exultation.

Nous pouvons à ce moment de notre réflexion, et en conclusion, proposer quelques manières de donner, afin tout de même de comprendre ce que ce mot, « d'abord », implique comme culpabilité.

Sept manières de donner :

Première. À celui que l'on ne connaît pas, c'est être généreux.

La générosité, c'est donner à ceux qui n'ont aucun lien de famille ou d'amitié avec soi ou même que l'on n'a jamais croisés.

Deuxième. À un proche. C'est de l'amour.
Donner à l'un de sa famille, par exemple à un enfant, ou à un ami, cela relève moins de la générosité que de l'amour.

Troisième. À celui à qui l'on fait le bien. C'est être charitable.
Nous avons tous en tête une vente de charité où acheter un objet a été pour nous une manière détournée de donner un peu d'argent pour une bonne cause.

Quatrième. Ne pas pouvoir s'empêcher de donner. C'est une pathologie.
Il y a parfois pour certaines personnes peut-être trop sensibles, trop influençables, une manière de donner comme une addiction, au détriment même de leur propre personne.

Cinquième. Donner ce que l'on ne veut plus. C'est se débarrasser.
C'est se débarrasser l'esprit et aussi débarrasser sa maison lorsqu'il s'agit de faire vider sa cave ou son grenier.

Sixième. Donner par une mauvaise pitié. C'est écraser l'autre.
La pitié n'est en soi pas mauvaise, mais méfions-nous de ceux qui se cachent derrière elle pour exprimer leur morgue. Ils avilissent la pitié, rabaissent les autres et les rendent pitoyables en exprimant une supériorité nauséabonde.

Septième. Donner en espérant un retour. C'est être cupide.
Il n'y a plus de gratuité, le don devient un placement, un billet d'entrée pour le Paradis, voire la porte du salut.

Le est-ce d'abord pour faire du bien, implique un intérêt, un calcul. Mais cela n'est pas le cas de toutes les manières de donner.

Dans les trois premières manières de donner, il n'y a pas un intérêt malsain.

Pour la quatrième, c'est d'abord pour se faire du bien sans se rendre compte que l'on se fait du mal.

Par contre, dans les trois dernières, l'intérêt est bien marqué, le « d'abord » prend là toute sa signification. Toutefois, la cinquième manière de donner est morale puisqu' il n'y a de mal pour personne.

Reprenons la phrase suggérée par notre participante.

Faire du bien à autrui, est-ce d'abord se faire du bien à soi ?

Je répondrai que non, ou plutôt, pas toujours. Ce n'est pas toujours d'abord se faire du bien à soi, mais c'est toujours se faire du bien, se faire du bien à soi et c'est tant mieux.

Sentiments.

Dans la vie il faut être bien charitable,
Donner un peu de soi, cela nous fait du bien.
Regarder son prochain comme son semblable,

Ne pas trop hésiter à bien serrer sa main !
Mais si je lui donne, c'est peut-être pour moi ?
Car cela m'aide à me lever le matin.

Bien sûr, pas d'alpaga ni chemises de soie.
Cela nuirait plutôt que rendre service.
Rien de mieux que des pulls pour conjurer le froid !

Et même s'il me semble que les délices
Que je lui offre sont plus pour ma personne,
Cela est la bonté, jamais de sévices.

Juste quelque chose pour celui qui sonne,
Un petit peu de cœur, de patience et d'argent.
Faire du bien à lui et à ma personne,

Ce sont là, n'en doutons pas, les vrais sentiments.

Qu' en est-il du respect ?

C'est en travaillant sur le sujet du respect que l'on découvre toute la richesse contenue en ce mot.

Lors d'un atelier, je disais à un nouveau venu que mon habitude était de tutoyer et que je préférais qu'il en soit de même à mon égard, cela afin de rendre les échanges plus fluides. Il me répondit que si dans l'immédiat il n'y arrivait pas, c'était moins de la mauvaise volonté que du respect.

Une participante enchaîna en disant que sa belle-fille la vouvoyait et ajouta, je prends cela comme une marque de respect. Même si je n'ai à priori aucune raison d'en douter, je pense néanmoins comme possible que cette belle-fille bien sous tous rapports, serait peut-être plus polie que respectueuse.

Mais notons que les deux, c'est-à-dire le respect et la politesse, ne sont pas incompatibles. Voilà ce qui me donna l'idée de traiter le sujet du respect.

Du respect, nous en sommes tous en demande, mais savons-nous vraiment ce qu'il en est ?

Du respect et de la politesse.

La politesse et le respect passent pour des jumeaux. L'idéal serait d'être poli et respectueux, mais bien souvent la politesse fait route seule.

Le respect est de l'ordre de la dignité tandis que la politesse est un savoir qui nous procure le moyen de vivre ensemble sans trop de heurts.

Le respect génère une distanciation alors que la politesse une mise à distance.

La politesse n'est pas une vertu, mais elle les rend possibles. L'homme vertueux est généralement poli, mais l'homme poli n'est pas toujours celui que l'on aimerait qu'il soit. La politesse a pour effet de nous préserver des autres en maintenant entre eux et nous une distance. Cela permet d'éviter les conflits en reconnaissant entre les sujets une forme de tempérance.

La politesse est l'imposture du respect, elle est le gage d'une tranquillité artificielle, mais cela vaut mieux que d'avoir des problèmes avec ses semblables.

La politesse n'est pas du respect ni une empathie d'où découlerait une véritable gentillesse. La politesse permet de vivre avec les autres, de les fréquenter, de faire bon commerce en étant ni trop proches ni trop éloignés. Elle est pour les enfants l'apprentissage qui peut-être plus tard leur permettra d'accéder à un peu plus de vertu.

La politesse, le savoir vivre, la courtoisie, la diplomatie, les convenances et conventions, les bons usages et les bonnes mœurs, le sens de la parole donnée peuvent parfois être confondus avec le respect.

La politesse, si elle n'est pas du respect, n'en n'est pas moins nécessaire voire indispensable. Elle est un garde-fou acquis par l'éducation, et nul, à moins d'être odieux, ne saurait s'en passer.

Nous confondons le respect avec l'estime.

J'étais invité chez des amis pour prendre avec eux le déjeuner. Vers le milieu du repas, leurs filles commencèrent à manifester des signes d'impatience. Les deux avaient dans les douze quatorze printemps, à cet âge-là les repas d'adultes sont toujours trop longs. Leur maman leur donna l'autorisation de sortir de table. Ce qu'elles firent sans attendre. Elles allumèrent la télévision en prenant soin de baisser le volume pour ne pas nous gêner. Je discutais avec mes amis avec en fond sonore les artistes préférés des deux jeunes filles.

Un groupe de rock en particulier retint mon attention, les deux gamines chantaient à tue-tête avec lui. Cela m'amusait beaucoup, j'étais envahi par cette fraîcheur que seule la jeunesse prodigue. À la fin d'une chanson du fameux groupe, j'entendis l'une des deux jeunes filles dire

- Ouah ! trop fort, je les aime trop, total respect !

À la fin du repas, mes amis me proposèrent de nous installer au salon prendre le café. Nous étions dans les fauteuils lorsque passa dans la pièce une des deux petites. La plus jeune, celle qui avait crié total respect. Je l'interpellai pour lui demander quel était le groupe qui avait suscité chez elles autant d'intérêt.

- Tu as beaucoup d'admiration pour eux, n'est-ce pas ? Je t'ai entendu dire total respect.

- Oh oui me répondit-elle, vraiment trop respect !

- Je lui rétorquai, c'est bien, mais est-ce à dire que les autres groupes rock ne sont pas respectables ? Penses-tu que les autres groupes, parce que tu les aimes moins ou parce qu'ils jouent moins bien ne doivent pas être respectés tout autant ?

Je sentis chez la gamine un brin de perplexité, et je m'en voulais un peu de la taquiner ainsi en mettant ma casquette de philosophe.

- Tu vois, lui dis-je, tous les humains, et bien sûr, tous les musiciens doivent être respectés également, tout comme ton groupe préféré, mais celui-ci, à la différence des autres, a en plus ton estime.

Elle me regarda étonnée, souriante et courut retrouver sa sœur.

Nous confondons souvent estime avec respect. Nous pouvons dire pour les différencier que l'estime est reliée à la valeur alors que le respect est relié à la dignité. Le repas pris avec mes amis a un coût, une valeur pécuniaire, il a aussi une valeur sentimentale, mais mes amis n'ont pas de prix, ils ont une dignité. C'est cette dignité qui me fait les respecter comme toute autre personne, sauf que pour eux j'ai aussi de l'estime.

Le manque de respect est-il de la violence ?

Il y a bien des formes de violence.

La physique, celle trop ordinaire qui cogne, gifle, frappe sur le corps des femmes et des hommes, parfois sans but, gratuitement, pour que celui qui reçoit s'efface un peu plus chaque jour sous les coups de celui qui lui « apprend à vivre ».

La violence psychologique qui détruit de l'intérieur. Elle est souvent indétectable, elle agit en sous-face et use le corps.

Elle provoque les passions tristes, la dépression, parfois des idées noires suivies du suicide.

Toutes les violences qui nous sont infligées par autrui et par nous-mêmes sont la conséquence d'un manque de respect.

Là où la violence se trouve, le respect n'y est point.

Toutes les violences, même les plus douces, sont l'accomplissement d'un manque de respect, ou plus clairement de son absence. Ce qui pour moi rend caduque l'hypothèse que la violence serait le contraire du respect comme il m'est arrivé déjà de l'avoir entendu dire. Elle est le résultat de l'absence de respect, à l'instar de l'obscurité qui est la conséquence d'une absence de lumière.

S'il fallait donner impérativement un contraire au respect, j'opterais sans trop me torturer l'esprit pour le mépris. Que dire du mépris si ce n'est qu'il est cette attitude pour ce qui est considéré comme non respectable c'est à dire, à juste titre ou non, mis à l'écart d'être respecté.

La dignité.

Est-ce qu'un être humain peut être indigne ? La réponse à cette question semble évidente. Oui, un être humain peut être indigne, mais cela ne signifie pas que cette indignité fasse qu'il ne soit plus digne.

Si cela parait incompréhensible, rien que de normal, la nuance est serrée.

Nous allons par quelques mots l'exprimer.

Être indigne, c'est être dans l'indignité, et être dans l'indignité, ce n'est pas ne plus être digne.

Le moment est venu de donner un exemple. Imaginons dans un hôpital, un service de réanimation. Ce service comporte un certain nombre de places toutes occupées. Parmi ces patients, plusieurs sont âgés et l'un d'entre eux est très âgé. À ce moment, dans la ville où se trouve ce service de réanimation, une jeune personne subit un grave accident. Elle est amenée par les pompiers aux urgences. Cela ne fait aucun doute, elle ne pourra survivre que si elle est admise dans le service de réanimation.

Vous avez sans doute compris la problématique. Être à ce moment responsable du service n'est pas chose facile. Admise en réanimation, la jeune personne vivra, cela n'est pas tout à fait sûr, mais très probable. La vieille personne, même si elle passe le cap de la réanimation, n'aura pas une espérance de vie aussi longue que la jeune personne.

Nous nous trouvons donc avec une jeune et une vieille personne et le médecin-réanimateur. Les trois sont dignes et ont droit au respect comme tout être humain. Ce que va faire le médecin est indigne, cette situation est indigne, nous n'en doutons pas ! Le médecin est dans l'indignité de cette situation. Le calcul qu'il est obligé de faire, si réel qu'il soit, a quelque chose de monstrueux, mais doit-on laisser mourir la jeune personne pour sauvegarder la vieille ?

Il me semble qu'aussi difficile que cela soit, la solution est indigne, mais celui qui la prendra n'en perd pas pour autant sa dignité, ni, quoiqu'il advienne, les deux patients concernés.

La dignité est corrélée au respect et celui-ci est absolu, inconditionnel, universel.

Trois sentiments proches du respect.

Il n'est pas simple de définir un mot comme le respect sans rien omettre. Le respect fait partie des mots très employés, du respect par ci, du respect par là, et à toutes les sauces. Du simple citoyen au plus haut niveau des états, le respect est toujours demandé, attendu, sollicité mais rarement donné. J'ai trouvé préférable, au lieu de proposer une définition qui ne serait qu'une de plus, de me tourner vers la réflexion.
Il me parait intéressant de comparer, confronter, mettre en parallèle le respect avec les conséquences qu'il engendre, avec son antonymie, avec d'autres sentiments qui, sans être synonymes du respect, sont toutefois assez proches pour qu'ils puissent parfois être confondus avec lui, je pense en particulier à l'amour, l'admiration et la crainte.

L'amour.
Il est tellement vaste que d'en parler même longuement, c'est forcément n'en dire qu'une infime partie. Nous aborderons ici ce sentiment au sein d'une relation entre humains. Cette attirance, ce désir de l'un vers l'autre et de l'autre vers l'un, quoi de plus exaltant ? Lorsque l'amour que nous avons pour l'autre se reflète dans l'amour qu'il a pour nous, que pouvons-nous espérer de mieux ?
Nous pensons que l'amour comme le respect font partie des belles choses à offrir ainsi qu'à recevoir. Nous n'imaginons pas l'amour en une forme négative. Pourtant il génère trop souvent le pire. En son nom sont commis bien des atrocités, des coups et des crimes, des vies se brisent dans la violence, des trahisons, des déceptions, des manipulations. Cela est la conséquence du manque de respect. De l'absence du respect

qui, au lieu de se tenir lové contre l'amour, est parfois parti l'on ne sait où.

Ce n'est pas respecter que d'aimer. Le respect sans amour, cela n'est pas problématique, alors que rien de bon ne sort de l'amour sans respect. L'amour sans respect, c'est considérer l'autre comme une chose, comme sa chose. Quand l'un des deux aime l'autre sans le respecter, l'on ne peut réellement pas parler de couple. Une attirance sans respect ne sera pas modérée, tempérée.

Le respect crée une distanciation qui permet à l'autre d'exister en tant que sujet et non comme l'objet de tous nos plaisirs. L'amour sans respect devient malsain, agressif, douloureux de par les gestes infligés sans consentement, et le viol et le meurtre sont parfois dus à l'excès d'amour mais jamais à l'excès de respect.

Le respect a de l'amour en lui, c'est pour cela que les deux sont proches. Le respect contient en lui toujours une part d'amour si minime soit-elle, alors que l'amour fait malheureusement trop souvent l'économie du respect.

Pensez à cette maman qui entre sans toquer à la porte de la chambre où se trouve son fils de quatorze ans. Nul doute que cette maman aime son fils et qu'à aucun moment elle ne souhaite être intrusive, mais elle ne se doute pas que parfois, le respect naît de quelques petits toc toc sur la porte.

L'amour, lorsqu'il est dépourvu de respect d'un sujet pour l'autre, devient problématique, et cela est généré par le manque de respect de l'un pour l'autre.

L'admiration.

Il est fréquent d'avoir de l'admiration pour ceux que nous respectons. Mais attention, l'admiration peut virer vers l'adulation, l'idolâtrie, le fanatisme. Le risque, lorsque l'on tombe dans ces formes d'admiration exagérée est de s'oublier, de ne plus être à soi, somme toute de ne plus se respecter. Nous considérons l'autre comme bien plus haut que nous, que cette chose si médiocre que nous appelons nous-même.

« Laisse-moi devenir l'ombre de ton ombre, l'ombre de ta main, l'ombre de ton chien ».

Ces quelques paroles d'une chanson de Jacques Brel montrent à quel point nous pouvons dans certains cas nous diminuer. C'est une forme d'empathisme, considérer l'autre comme tout et nous comme rien du tout.

L'admiration en soi est une bonne chose, elle fait de nous des émules, nous permet de progresser en suivant l'exemple de ceux que nous admirons. Elle est bonne si nous gardons en nous tout le respect que nous nous devons. Gardons en nous le respect de nous pour nous, à cette condition il serait dommage de nous priver d'admirer.

Respect de soi pour soi et de soi pour l'autre et nous pourrons nous faire petits devant les grands, pour nous permettre de devenir grands nous aussi.

Respecter nous augmente, nous sommes plus grands en acceptant de nous faire plus petits.

La crainte.

Comme nous l'avons vu précédemment, l'amour ainsi que l'admiration sont proches du respect. Cela se doit au fait qu'ils sont contenus en lui au moins en partie.

Le troisième candidat à la proximité est la crainte. Nous respectons une personne, nous admirons son talent, nous aimons ce qu'elle est. Seulement, il se peut que nous la craignions. Comment cela se peut-il ?

Sans doute à cause d'un manque de confiance en nous-même, une minoration de soi, une dévalorisation de notre personne.

Il est vrai que le respect crée une distanciation, mais cela n'est pas une peur, ni une crainte, mais l'espace qui note une belle et saine considération de l'autre.

Craindre une personne, c'est être tenu en respect par elle, ou tout simplement par nous-même. La crainte est souvent générée par l'idée du manque de respect de l'autre pour nous. Elle nous met à distance, mais ce n'est pas la distance que génère la politesse, ni la distanciation du respect, elle est la distance générée par la peur de ne pas être respecté, c'est-à-dire la peur que l'autre nous fasse du mal.

Celui qui nous respecte ne nous fera pas de mal, car le respect est le sens moral.

Sans appartenance de soi pour soi, on ne se respecte pas. Il faut de la confiance en soi, de l'amour de soi sinon l'on ne se respecte pas.

Le respect avec Emmanuel Kant.

Permettons-nous d'évoquer Emmanuel Kant. Il nous dit, le respect c'est le sens moral, il dit bien le sens et non un sens, ce qui laisse comprendre que le respect est le seul sens moral.

Le respect est issu de la réflexion, de la raison alors que l'amour, l'admiration et la crainte sont tous trois issus de l'émotion. D'autre part, le respect est absolu, inconditionnel, universel, nous le devons à tout humain y compris à nous-même et tout humain nous le doit. Par contre, il ne me semble pas raisonnablement possible d'admirer tout le monde, d'aimer tout un chacun, ou de craindre la terre entière.

L'amour, l'admiration, la crainte, ces sentiments proviennent de l'émotion. Dans notre cerveau, le centre des émotions se trouve avant le cortex, ce qui nous oblige à recevoir, à ressentir les émotions avant que de pouvoir les analyser. Une émotion comme la peur par exemple, nous permet de réagir immédiatement sans réfléchir, sur le mode réflexe. Les émotions sont de formidables avertisseurs. S'il nous fallait toujours réfléchir pour agir, bien d'entre nous ne seraient plus parmi nous.

Le respect, c'est le sens moral issu de la raison, il est absolu, inconditionnel, universel, il donne à tout humain une dignité et cette dignité est inconditionnelle et absolue. Le respect, c'est le sentiment moral, il vient de la raison et consiste à ne pas réduire l'autre à l'état de moyen.

- Ne traite jamais autrui simplement comme un moyen mais toujours en même temps comme une fin en soi.

Cette phrase est d'Emmanuel Kant. Il me semble que pour bien la comprendre, l'emploi d'un exemple à caractère sexuel me parait le plus pratique pour saisir pleinement la pensée kantienne.

Que pouvons-nous entendre dans cette phrase écrite fin XVIIIe siècle, que peut-elle nous apporter ? Je livre ici mon interprétation, le but étant d'en tirer le meilleur en la positionnant au seuil du XXIe siècle.

Dans le début de phrase : ne traite pas autrui simplement comme un moyen, je prendrai la direction suivante en la pensant : n'utilise pas autrui simplement comme un moyen.

Dans ce début de phrase le mot important est, « simplement ».

De toute évidence, dans un couple, je dirais sans problème, l'un utilise l'autre et l'autre utilise l'un. Chacun se sert du corps de l'autre pour en retirer du plaisir. Cela est consenti par les deux et sans équivoque. L'autre est pour l'un le moyen d'avoir du plaisir, de se procurer du plaisir, jusque-là rien que de normal, mais Emmanuel Kant par le mot simplement nous propose une valeur morale. Cette valeur morale exprime l'idée que l'autre, bien qu'il soit le moyen pour l'un d'avoir du plaisir, ne doit pas être considéré simplement comme un moyen, pas comme seulement un moyen. Se servir de l'autre, utiliser l'autre, traiter l'autre juste comme un moyen, ce serait l'essentialiser, le réduire à la simple et seule fonction qui est de procurer du plaisir. L'autre est un moyen, mais aussi autre chose que nous propose Emmanuel Kant.

La deuxième partie de la phrase est : mais toujours en même temps comme une fin en soi. C'est-à-dire que l'autre a une valeur intrinsèque, il est d'abord à lui-même avant que de le penser à l'un. Certes, chacun utilise l'autre, mais il ne faut jamais oublier que l'autre a sa dignité, son intégrité, son identité, sa manière d'exister, qu'il est en lui-même ce que personne d'autre ne peut être à sa place.

Nous nous appartenons à nous-même, et ce serait une grave erreur d'imaginer que l'autre nous appartient, sans comprendre qu'il est d'abord à lui-même, et qu'il a une fin en soi.

Avoir des rapports sexuels avec une personne en la traitant comme un moyen et rien de plus, c'est faire atteinte à sa dignité. L'autre est une fin en soi, s'en servir afin d'arriver à ses fins frôle le mépris ou tout au moins l'indifférence. Celui qui est traité de cette manière est légitimement frustré. Il subit les gestes qui devraient être partagés. Ne compter pour rien est une violence, c'est n'être que pour l'autre, qui n'est lui que pour lui-même.

Ne pas considérer l'autre comme une fin en soi, c'est lui manquer de respect, lui infliger une violence, presque un viol.

Nous nous appartenons à nous-même, et ce serait une grave erreur d'imaginer que l'autre nous appartient, sans comprendre qu'il est d'abord à lui-même, et qu'il a une fin en soi.

Mettons-nous un moment à la place d'un homme que nous nommerons pour l'occasion Monsieur Lambda. Il est marié depuis peu avec une femme charmante. Cela faisait bien longtemps qu'il souhaitait l'épouser. Maintenant c'est fait, il en est heureux, elle est à lui, rien qu'à lui, il en est sûr, et savoure telle une chance improbable sa propriété aux si beaux atours, au si délicat visage.

Il la sort, plutôt qu'il ne sort avec elle, et va de réception en cocktail montrer à qui veut bien s'en émerveiller sa jolie acquisition féminine.

Nous pouvons penser que Monsieur Lambda est quelque peu macho, non ! Je n'en suis pas si sûr, ou peut-être un peu quand même, mais en tout cas il n'est pas une mauvaise personne. Le défaut de Monsieur Lambda, c'est que tout à sa joie, il ne réalise pas que son amour si vrai soit-il manque, malgré toute l'admiration pour celle qu'il chérit, du plus élémentaire respect. Elle est à lui, rien qu'à lui, et cela ne fait pour lui aucun doute. Il pense pour elle, ou plutôt à sa place. Il lui procure tout ce que, d'après lui, elle désire.

Ainsi sans qu'il ne s'en rende compte, il la chosifie, lui enlève tout ce qu'elle a de singulier, tout ce qui fait sa personnalité.

Puis un soir un déclic s'opère dans la tête de Monsieur Lambda. Les époux sont au lit, Monsieur est à sa lecture et Madame dort. Il referme son livre, le pose sur sa table de chevet et avant d'éteindre, regarde sa belle endormie. Elle respire profondément en murmurant des mots incompréhensibles. Son sommeil semble serein mais en même temps agité. Elle est avec lui, dans le même lit, mais sûrement aussi ailleurs. Il la regarde et comprend en la contemplant toute l'importance de l'être qu'elle est. Elle bouge un peu, esquisse un grognement en forme de petit rire. Elle est dans son rêve, tout à son rêve, tout en elle-même, à elle-même. Elle s'appartient avant que d'appartenir à quiconque.

Il la regarde et se dit qu'elle ne lui appartiendra jamais tout à fait, puisqu'elle est d'abord et avant tout à elle.

Monsieur Lambda appuie sur l'interrupteur, ferme les yeux, s'endort heureux en se promettant que demain sera un autre jour.

La pensée non réductive.

Nous vivons dans une temporalité, le passé, le présent, le futur. Mais nous sommes toujours maintenant, ici et maintenant. Lorsqu'une personne commet une exaction, c'est toujours pour elle ici et maintenant, puis la personne ne reste pas là où elle est, et le temps passe. L'exaction a été commise et cela est vrai à jamais, c'est-à-dire éternellement. Cependant cette exaction n'a eu qu'une durée limitée, c'est un point particulier du temps. Ainsi donc, si l'on peut penser la personne dans l'indignité au moment des faits, on peut la penser digne avant et même après cette exaction.

Comme nous l'avons vu plus haut, être indigne c'est être dans l'indignité. Une personne garde sa dignité quoi qu'elle ait fait, tout au long de sa vie, de la naissance au décès. Un être humain peut évoluer, mais encore faut-il lui en laisser la possibilité. Il est trop tendance de « cataloguer » les gens selon ce qu'ils ont commis.

Je propose le concept de la pensée non réductive, association de non réductrice avec non intuitive, il consiste à ne pas réduire les individus à leurs actes bons ou mauvais. Le monde est une grande branloire, disait Michel de Montaigne, tout change, bouge, se déplace dans le temps et l'espace. L'homme a un chemin de vie, parfois très long, de bébé jusqu'à vieillard. La pensée non réductive, c'est respecter l'autre, quoi qu'il en soit, quoi qu'il soit et quoi qu'il ait fait. Si je ne me respecte pas, je ne suis pas capable de déceler l'irrespect des autres envers moi. Ne pas se respecter soi-même c'est donner implicitement l'autorisation de nous manquer de respect. La dignité, c'est l'aptitude à être respecté. L'indignité, c'est sortir des valeurs morales. Être indigne, c'est être dans l'indignité. Lorsque nous sommes en présence d'une personne dans l'indignité, nous nous devons de respecter la part de lui qu'il a avec nous, la part que nous avons en commun.

En conclusion, je ne puis dire si un jour ma participante saura avec certitude si sa belle-fille est à son égard polie ou respectueuse.

Respect suspect.

Du respect pour les grands-mères que nous sommes,
Me dit-elle derrière son maquillage outrageux,
Du respect pour nos cerveaux de pommes,
Si charmants, si trognons, mais si véreux.

Du respect, me dit-elle et pas de sexe,
Parler de cela c'est de la provocation !
Faut pas que philosopher devienne un prétexte
Pour imiter le jeu du pouet pouet camion.

Oh ! ce n'est pas un mot de philosophe,
Me dit-elle du haut de sa certitude,
Mais quand la vérité est sous les turpitudes,
Que voulez-vous, je ne déclame pas en strophes.

Reste calme, tu dois les supporter me dis-je,
Il ne faut pas devant la sottise que je m'afflige.

Du respect par ci, du respect par là,
Réfléchissez, gentes dames et dorénavant,
Pensez que le philosophe en se demandant toujours
pourquoi
Tire la langue comme les enfants.

La langue avec tous ses mots qui nous servent pour penser,
Pour parler et pour aimer, non mais !

Brisons les idées communes de l'espoir et du désespoir.

Je voudrais pour commencer le sujet mettre en parallèle mathématique et philosophie. En mathématique, lorsque l'on dit que deux plus deux font quatre, ce qui est dit est incontestable. Par contre en philosophie, toute phrase aussi juste et précise soit-elle peut être source à discussions. De fait je préfère vous prévenir. Nous avons tous généralement des idées inscrites en nous solidement, ne serait-ce qu'à cause de l'habitude. Philosopher c'est penser les choses, les remettre en question et parfois penser contre soi-même.

Le sujet de l'espoir va, j'en suis sûr, vous étonner par bien des points. Je l'ai pratiqué plusieurs fois dans des ateliers différents, et ce sujet bien que paraissant assez commun, a toujours suscité dans le public un grand intérêt. Je vous invite donc à lire ces lignes en les prenant comme elles se présentent à vous. Je dirais en confiance, en compréhension, pour les accepter afin de les faire vôtres, ou de résolument les rejeter. De toutes façons et en quoi que ce soit, il est rare d'être dans une validation immédiate, les idées font leur chemin au point que parfois elles deviennent nôtres et nous ne savons plus où nous les avons pêchées.

Pour mon précédent livre, « Et si la philosophie... », j'avais choisi comme sous-titre « Découvrir et comprendre en 89 textes ». Il me semble que la découverte est intéressante en cela qu'elle nous étonne, nous interroge et donc que nous cherchons à comprendre.

Apprendre n'est plus nécessaire, comprendre remplace avantageusement et presque sans effort l'action d'apprendre.

Qu'est-ce que l'espoir ?

Nous pouvons qualifier d'espoir un futur grand pianiste par exemple. On peut dire aussi que nous mettons tous nos espoirs dans une personne partie chercher du secours.

Mais nous pouvons dire de l'espoir tel que nous allons le traiter, qu'il est le désir que mon désir se soit réalisé, se réalise, se réalisera.

Se soit réalisé par exemple : dans le cas où mon désir soit que l'opération chirurgicale d'un ami ait bien eu lieu et se soit bien passée.

Se réalise : même désir mais cette fois dans un moment présent.

Se réalisera : désir pour une action prévue dans un futur.

Sur quoi se fonde l'espoir, la réalité ou l'illusion ?
Ou pour le dire autrement, l'espoir se construit-il sur une réalité ou une illusion ?

Nous dirons que l'inclination de l'espoir va vers l'illusion. La réalité, c'est notre perception de ce qui est, de ce qui advient au moment même, alors que l'espoir est très souvent une projection vers le futur, une projection de ce que l'on désirerait voir se réaliser. Nous nommons illusion ce que nous percevons comme ceci alors que c'est comme cela. Nous nous trompons donc en prenant les choses pour ce qu'elles ne sont pas.

L'illusion peut être aussi la perception d'un réel mais déplacé dans l'espace. Je pense en particulier aux mirages qui sont des images d'objets, déplacées de leur positionnement originel. Les images des objets sont projetées en un autre lieu, ainsi il n'est pas rare de voir la Corse lorsque l'on se trouve à Nice. L'illusion est donc parfois le reflet de la vérité, mais le reflet dans le miroir d'une personne n'est pas la personne. Il faut se méfier des illusions qui ne sont que l'apparence du réel, ou le fruit de l'imagination et plus grave de l' hallucination.

L'espoir existe, c'est un fait, mais a-t-il une fonction, une utilité ?

Certains prétendent que l'espoir fait vivre, d'autres parlent d'espoir chevillé au corps. Nous pensons généralement que l'espoir est bénéfique, positif.

Il va de soi qu'entre espérer et se jeter par la fenêtre, il vaut mieux espérer, cependant nous verrons que cela n'est pas si simple. Nous sommes dans une idée préconçue dans la mesure où nous considérons par habitude que l'espoir est une bonne chose.

Prenons conscience que lorsque nous espérons une chose cela signifie que nous craignons son contraire. Si j'espère que le repas de ce midi soit agréable, c'est que je crains fort qu'il ne le soit pas. Il nous faut admettre que dans un espoir se trouve toujours une part de crainte. L'espoir et la crainte sont l'avers et l'envers d'une même pièce. Si j'espère que l'opération de mon ami se passe bien, c'est qu'en moi réside une crainte, celle que cette opération présente des complications. Nous espérons l'incertain. Si je suis sûr d'une chose, je ne peux pas raisonnablement l'espérer. Pourquoi j'espérerais écrire ces lignes puisque je suis en train de le faire ? L'espoir a comme faculté de cacher ce qui est négatif. J'espère arriver à temps, c'est donc que je crains d'être en retard.

L'espoir nous mène-t-il à l'action ?

Il y a l'action et il y a l'espoir, ce sont deux choses bien différentes.

L'espoir est une forme d'illusion mais il peut parfois envelopper la réflexion.

La réflexion n'est pas dans un même temps compatible avec l'action. C'est simple, ou l'on réfléchit ou l'on agit. Il y a un temps pour la réflexion, un temps pour l'action et les deux ensemble sont un mariage improbable.

Avoir de l'espoir c'est se dire, j'espère que demain sera meilleur qu'aujourd'hui. Nous sommes dans une attente. Être dans l'espoir, c'est attendre que le réel advienne et exauce l'idée que l'on se fait de lui. Mais nous savons que rien n'est sûr, sinon nous n'espérerions pas. Cette attente dans l'espoir n'est ni plus ni moins qu'une attente dans la crainte de ne pas être satisfait. On pourrait sans exagérer qualifier l'attente comme étant l'inverse de l'action.

L'espoir peut mener à l'action mais l'action ne peut s'effectuer qu'en-dehors de l'espoir.

L'espoir est bon à condition d'en sortir, rester dans l'espoir équivaut à s'enfermer dans une attente craintive, où l'absence d'agir sclérose les situations.

Si parfois être dans l'espoir permet une forme de réflexion, réfléchir n'est pas, loin s'en faut, forcément relié à l'espoir.

L'espoir est une forme de passivité où l'on se soumet au présent en espérant un futur meilleur.

Nous espérons couper cet arbre qui menace de tomber sur la route mais encore faut-il aller chercher le matériel nécessaire. La personne qui abattra l'arbre mort ne sera pas dans l'espoir de le faire mais dans l'action, réalisant ainsi le travail espéré.

Lorsque l'on peut agir et que l'on continue d'espérer, nous nous empêchons d'agir.

L'espoir permet-il de ne pas tomber dans la résignation ?

Supposons que nous soyons dans une pièce fermée à clef. Deux possibilités s'offrent à nous. Nous nous résignons à cet état parce que nous pensons que rien n'est possible, ou nous pouvons espérer sortir de cet enfermement. L'espoir, si nous sortons de celui-ci, pourra être le facteur permettant d'agir pour changer notre condition. Mais tant que nous ne le quittons pas au profit de l'action, nous restons dans un état d'esprit de résignation.

L'espoir peut nous donner les moyens de quitter la résignation, mais tant que nous restons dans cet espoir, nous ne sommes pas dans l'action qui pourrait nous délivrer de celle-ci.

Espérer ne pas être enfermé alors que c'est le cas, c'est être dans un déni. Le déni de cet enfermement et cette attente d'un jour meilleur font que l'espoir, s'il m'empêche de tomber dans la résignation, m'empêche tout autant d'en sortir. Espérer que le réel soit autre que ce qu'il est, ou que plus tard il soit comme nous le souhaitons, c'est se permettre d'être dans un déni de réalité, et par conséquent, s'empêcher d'agir.
Tant que l'on espère, nous sommes bloqués, empêchés d'agir. Alors que si nous n'espérions pas, nous pourrions penser comme suit.
- Bon, ils nous ont enfermés, mais ils ne savent pas qui nous sommes ! Nous n'allons pas espérer sortir, nous allons sortir !

En philosophie, l'on dit qu'une vérité triste vaut bien mieux qu'une fausse joie, la vérité est toujours préférable et lorsque l'on espère, nous faisons place au déni du réel, du moment présent.

Est-ce un sentiment qui nous maintient dans l'inaction ou plutôt le moteur de l'action et du courage ?

Généralement, les actes de courage font en grande partie appel à l'instinct plutôt qu'à l'intelligence. Ces actes de courage nécessitent l' action. Nous faisons un acte héroïque lorsque les conditions et circonstances s'y prêtent, instinctivement, dans le feu de l'action, nous assurons. C'est le plus souvent sur le moment et sans réflexion que les actes de courage ont lieu, car si un temps nous était imparti pour réfléchir, et pire pour espérer, nous n'aurions plus de courage pour mener à bien notre volonté. Nous avons du courage, ou nous n'en avons point, si l'on espère en avoir, cela me semble perdu d'avance.

Nous avons par l'habitude tendance à attribuer à l'espoir des qualités qu'il n'a pas.

Faut il espérer ?

Nous disons, tant qu'il y a de la vie, il y a de l'espoir. D'un autre côté, il est plus que rare qu'un mort espère…
Lorsque le courage est là, l'espoir est inutile. Cela pourrait vouloir dire que lorsque l'on n' a pas de courage, on espère. On peut se demander si l'espoir ne serait pas l'ami des faibles et des lâches ?

L'espoir en un avenir meilleur aide-t-il à supporter un présent difficile ?

Dans la vie, il y a ce sur quoi nous pouvons agir et ce sur quoi nous ne pouvons pas agir. Ce qui ne dépend pas de nous ne peut pas être modifié par nous. Il est donc inutile d'espérer puisque nous ne pouvons agir. Dans la mesure où je ne peux rien faire, il m'est inutile d'espérer, mais ce n'est pas parce que je n'espère pas que je suis d'accord avec ce qui advient.

Par contre, si je suis en mesure d'agir sur ce qui advient, à ce moment-là, mon action est utile pour modifier le réel. L'action devient nécessaire et l'on se passe bien de l'espoir.

Nous voyons que dans les deux cas l'espoir est totalement inutile avec ce qu'il comporte de crainte et de bâtons dans les roues si l'on peut dire. Espérer ce qui ne dépend pas de moi, c'est me mettre dans une crainte inutile, car je ne peux pas agir. Espérer quand ce qui arrive dépend de moi, c'est m'empêcher d'agir.

Nous avons vu que l'espoir est de l'ordre de l'illusion, de la projection.

D'autre part, il faut bien réaliser que l'avenir n'existe pas, l'avenir est un concept car nous sommes toujours dans le présent. Espérer en un avenir meilleur, c'est être dans l'illusion que le meilleur nous sera accessible, or cela relève de l'impossibilité car nous le pensons dans un temps qui n'existe pas. Même si cela paraît étonnant, il nous faut admettre que nous sommes toujours aujourd'hui et que demain est un concept.

L'espoir est intéressant dans la mesure où l'on en sort, il a cela en commun entre autres avec la culpabilité et les émotions. Le rôle d'avertisseur n'est pas à nier, ce rôle nous incite à prendre conscience du réel par la raison et à tenter d'agir sur celui-ci, si ce qui a lieu dépend de nous.

Espérer en un avenir meilleur, c'est espérer ce qui n'existe pas.

Sur quoi porte l'espoir ?

L'espoir porte sur ce qui n'est pas, et sur ce que l'on ne peut pas prouver.

Personnellement, je crois au Père Noël et je mets au défi quiconque de me prouver qu'il n'existe pas. Il est plus facile de dire que quelque chose existe et peu importe quoi, plutôt que de dire et de prouver que cette chose n'existe pas.

L'espoir porte sur ce qui n'est pas, sur ce dont on ne peut prouver l'existence, il porte aussi sur ce que l'on ignore.

L'espoir porte aussi sur ce qui ne dépend pas de nous, par exemple, j'espère qu'il fera beau la semaine prochaine. Mais a contrario, je ne vais pas espérer avoir un ordinateur puisque j'en ai un.

On espère toujours ce que l'on n'a pas, ce qui n'est pas, ce que l'on ne peut prouver, ce que l'on ignore et ce qui ne dépend pas de nous. L'espoir porte donc sur de l'illusion, du mirage, de l'imagination, de l'irréel etc...

À ce niveau de notre conversation, nous pouvons nous rendre compte que l'espoir ne présente pratiquement rien de bon ou alors, cela est vraiment minime par rapport à tout ce que l'espoir peut générer comme inconvénients et comme fâcheusités, si nous nous permettons ce néologisme.

Nous savons maintenant que dans chaque espoir se tapit une crainte, espérer c'est donc craindre. L'un des bons moyens pour vivre en dehors de la crainte consiste à ne plus espérer.

De quoi se nourrit l'espoir ?

Nous pouvons dire que l'espoir se nourrit principalement de ces trois imperfections humaines qui nous caractérisent. Nous avons tous en nous de la faiblesse, de la peur et de l'ignorance, cela fait le bonheur de l'espoir. Les trois facteurs, peur, ignorance et faiblesse ne nous altèrent presque toujours que passagèrement, et c'est dans ces moments que l'espoir sévit.

Nous voyons ici que ne plus espérer n'est pas chose facile. Tâchons tout de même et autant que nous le pouvons d'utiliser la raison et un certain bon sens.

L'espoir comme cause de déception, de suicide ?

Lorsque nous espérons que se manifeste la dernière chance, c'est que nous craignons qu'elle ne se manifeste pas. Et cette dernière chance, si effectivement elle n'a pas lieu, nous fera subir une terrible déception. L'espoir est source de déception. Je ne dis pas que l'espoir mène toujours au suicide, cela serait exagéré. Cependant, les personnes qui se suicident le font toujours par déception. Voilà encore une raison de se méfier de l'espoir.

La déception fait la paire avec l'espoir et aussi avec le suicide. Ne faisons pas d'amalgame ni de raccourci trop rapides, mais remarquons néanmoins la corrélation entre espoir, déception et suicide.

Laissons Sénèque nous dire quelques mots.

« Quand tu auras désappris à espérer, je t'apprendrai à vouloir. »

Nous trouvons cette citation dans une lettre que Sénèque a écrite pour Lucilius. Il faut à mon sens entendre le vouloir dans cette citation comme une volonté, mais surtout comme une volition. La volition qui est le vouloir ce que l'on veut. C'est-à-dire se poser la question suivante, si par exemple vous êtes prêts à craquer pour un achat :
- Ai-je vraiment besoin de cet objet ? En ai-je vraiment envie ?
Ce qui est sûr, c'est que je le veux. Mais peut-être est-ce un désir suscité par la publicité, ou aussi pour compenser un manque d'affection. Je veux cet objet sans vraiment le vouloir, ma volonté en ce moment, au lieu d'être ferme et définitive, est partie je ne sais où, écrasée par un pouvoir de séduction commercial. Finalement, je préfère utiliser mon argent pour quelque chose qui me correspond, qui me ressemble. Sans réfléchir, j'aurais cédé et commandé l'objet, croyant obéir à ma conscience, mais c'était un vouloir sans réflexion, sans volonté, un vouloir qui n'exprime en rien ce que je veux réellement.
Tant que nous espérons, nous ne sommes pas dans la volonté, ni dans l'action, ni dans un vouloir ce que l'on veut, ni dans la volition.
Et Sénèque dit à Lucilius, lorsque tu auras désappris à espérer, c'est-à-dire lorsque tu auras quitté cette crainte permanente qu'est l'espoir, je t'apprendrai à vouloir, ce vouloir qui est de l'ordre de la volonté, de l'action et non de

cet écrasement de l'être qui nous fait donner raison au dernier qui a parlé.

Mais si nous abordions le désespoir.

Le désespoir est une absence d'espoir, soit qu'il n'y en ait plus, soit qu'il n'y en ait jamais eu. Mais nous pouvons dire plus simplement qu'être désespéré c'est être sans espoir, nous pouvons dire que le désespoir est là lorsque plus aucun espoir n'est possible.

Le suicide est souvent lié au désespoir, abréger sa vie, c'est considérer qu'elle ne vaut plus la peine d'être vécue. Plus rien ne peut aller mieux et même l'espoir en est exclu.

Généralement, lorsque quelqu'un nous dit « je suis désespéré », nous nous attendons à ce qu'il évoque le pire.

Mais être sans espoir, est-ce toujours négatif ?

L'idée commune serait de dire oui, mais ce n'est pas parce qu'une idée est commune qu'elle est bonne, car nous pouvons légitimement penser qu' être sans espoir est aussi l'affirmation que tout est au mieux. Nous sommes désespérés, nous sommes sans espoir, notre vie est merveilleuse. Voilà une utilisation du mot désespoir qui n'est pas habituelle, mais pourtant toute aussi juste que l'emploi de celui-ci pour exprimer le négatif.

Allons vers le positif, cela serait sot de s'en priver. Essayons d'engranger cette nouvelle définition.

La philosophie nous apprend à penser par nous-mêmes et connaître les mots et leurs significations permet d'appréhender les situations de manière beaucoup plus rationnelle. Nous ne subissons plus le réel sans pouvoir réagir, nous le comprenons et lorsque l'on comprend, c'est toujours une joie ainsi que l'acquisition d'un savoir mieux-être, mieux-vivre.

Donc revenons au désespoir. Être désespéré n'est pas forcément négatif, cela peut être le top du top, si je puis dire.

Qu'est ce qui désespère ?

Le désespoir n'est pas forcément l'écho du pire, il peut aussi être la conséquence que tout est au mieux. Qu'est-ce qui nous laisse sans espoir ?

Être désespéré, c'est être sans espoir et voilà quelques éléments de taille qui nous plongent dans un désespoir certes, mais un désespoir positif.

Je vous en livre quatre : Le beau, le bon, le bien et le vrai.

Le vrai est relié à la justice, la justesse.

Le bien est relié à la morale, l'éthique, la vertu.

Le bon est relié aux sens, à la sensualité.

Le beau, lui, est sans pourquoi.

Tout cela désespère, le beau, le bien, le bon, le vrai.

Le beau car que peut-on espérer de plus beau que le beau ?

Le bon car comment espérer un bon meilleur que le bon ?

Le bien car ce qui est bien nous satisfait.

Le vrai car ce qui est vrai ne peut être plus vrai que vrai, comment espérer autre chose ?

Ce désespoir est une forme de béatitude, une sérénité, une plénitude, c'est-à-dire d'être pleinement à ce que l'on fait, à sa joie, au moment présent. Le désespoir est aussi donc une béatitude, un summum comparable à un puissant orgasme mais avec la douce sérénité d'un geste tendre.

Lorsque rien ne nous manque, que tout est idéalement parfait, que notre corps et notre esprit vont de pair dans une douce quiétude, à ce moment-là que je nous souhaite, nous pourrons dire avec un petit sourire espiègle : Je suis désespéré !

Cet aspect du désespoir n'est que très peu partagé par les gens, les personnes que nous croisons tous les jours. Mais il me semble intéressant d'avoir cette autre définition du désespoir, même si cela demande un peu de temps pour la faire nôtre.

Le sage et l'espoir.

Encore un qui vient me voir...
Homme, voudrais-tu me parler ?
Es-tu venu me déranger
Pour me raconter des histoires ?

Je viens pour que tu m'apprennes
À satisfaire mes espoirs,
Et ne plus penser comme souveraines
Mes divines amours d'un soir.

Ami, écoute le sage,
Tes amours sont comme des fruits,
L'espoir, c'est du maquillage,
Il nous meurtrit à vie sans bruit.

L'espoir est fait pour les lâches,
Les incapables, les peureux,
Les indécis qui se fâchent
Quand le destin compte sur eux.

Car l'espoir est une crainte
Que nous traînons en tout moment,
Une illusion, une enceinte
De déceptions et de tourments.

On espère toujours pour rien,
Nous implorons au lieu d'agir.
Aime les belles et va serein,
Et laisse tes espoirs dormir !

Peut-on tout pardonner ?

L'intitulé de ce chapitre pose questions. Le peut-on présente plusieurs significations, telles que doit-on, a-t-on le droit, a-t-on la capacité, a-t-on la possibilité, a-t-on la volonté, etc... Peut-être devrait-on remplacer peut-on par est-il possible qui me semble plus direct, mais en philosophie le chemin le plus court n'est pas forcément le meilleur, le peut-on laisse finalement plus la place à qui aime le voyage.

L'autre difficulté est de définir ce que l'on entend par le mot pardon, est-ce un pardon conditionnel, inconditionnel, une grâce ou une miséricorde ?

Au lieu de définir le pardon, définissons à quoi il sert, quelle en est l'utilité.

De tous les sujets, celui du pardon est sans doute l'un des plus complexes. Il est pour beaucoup d'entre nous une vertu religieuse, ou pour le moins rattaché à la morale. Il rachète l'offenseur tout en glorifiant l'offensé, il est le gage de meilleures dispositions, ainsi nous avons généralement l'idée que par son action, un mieux-être est possiblement envisageable.

Mais savons-nous vraiment ce qu'est le pardon ? Pouvons-nous le définir de telle sorte que nous puissions en quelques mots expliquer, par exemple à un ami, ce que pardonner signifie ?

Cela nous semble possible, mais soyons francs, pensons-nous cela facile ? Il nous faudra bien des phrases... et surtout faire attention de ne pas utiliser un mot pour un autre sous peine que notre ami soit un peu perdu.

L'une des meilleures manières de nous instruire de ce qu'est une chose n'est pas de dire ce qu'elle est, car cela est souvent presque impossible, mais de dire ce à quoi nous pensons qu'elle sert.

Faites l'expérience avec un enfant en lui expliquant ce qu'est un ordinateur, vous n'aurez pas fini demain, surtout si, comme moi, vous vous contentez de l'utiliser tant bien que mal. Par contre, expliquez à l'enfant à quoi sert un ordinateur, quelle est son utilité, et il comprendra bien vite et bien mieux.

C'est donc de manière indirecte ou partiellement indirecte que nous aborderons ce grand et beau sujet qu'est le pardon.

Peut-on pardonner par avance ?

Lorsqu'en atelier j'aborde le sujet du pardon, je commence généralement l'exposé en disant aux participants la phrase suivante. Vous me pardonnerez si je prononce mal un mot, soyez cléments. Cela équivaut pour les participants à être moi-même puisque je me prénomme Clément. Cela détend l'atmosphère et en même temps, cela indique que l'on peut dans certains cas pardonner par avance, mais nous allons voir que cela n'est pas toujours le cas.

Un jour un sexologue me raconta cette histoire.

Un couple qu'il suivait s'était promis de se raconter chacun leurs aventures sexuelles et de ne jamais tenir grief de ce qu'avait fait l'autre. Tout allait bien entre eux, jusqu'au jour où madame entretint monsieur de ce qu'elle comptait faire la semaine suivante comme rencontre amoureuse. Le couple ne tint pas. Pardonner ce qui est fait n'était apparemment pour monsieur pas du tout la même chose que pardonner ce qui était prévu d'être fait.

Il y eut séparation à cause d'un acte non encore fait, c'est-à-dire qui n'existe pas. Notre cerveau nous réserve des surprises !

Il semble plus facile d'accepter le passé puisque ce qui a eu lieu ne peut plus être autrement, alors qu'une projection du futur peut faire peur avant même que d'être.

Quelles conditions la réalisation du pardon exige-t-elle ?

Nous allons nous appesantir sur les conditions d'existence du pardon. Pardonner pour l'offensé, et demander à être pardonné ne peuvent avoir lieu que sous certaines conditions.

Mais la première étape serait d'être en accord sur le fait qu'il y a eu effectivement offense. Ce n'est pas toujours évident, l'un exagère lorsque l'autre minimise. En ce cas, quand les deux parties n'ont pas la même perception de ce qui a eu lieu, la discorde prend le pas sur le pardon.

Parfois aussi, l'offenseur ne se rend absolument pas compte de son offense, et si l'offensé ne le lui fait pas remarquer, la situation restera dans une immobilité de rancune. Le pire est que l'offenseur une fois mis au courant par l'offensé, peut à son tour considérer la remarque faite à son égard par l'offensé comme un manque de courtoisie, voire une attaque.

Le pardon ne peut avoir lieu que si l'offense est considérée à sa juste mesure. L'offenseur et l'offensé peuvent ne pas avoir la même perception des faits, ils peuvent aussi ajouter un peu de mauvaise foi. L'offenseur va avoir tendance à minimiser l'offense en prétextant une série de circonstances atténuantes, alors que l'offensé va faire un drame de ce qui n'est souvent pas grand-chose.

Le plus étonnant est qu'il arrive parfois le contraire. L'offenseur bat sa coulpe alors que l'offensé ne semble pas vraiment offusqué.

L'offense peut résulter d'un quiproquo ne permettant pas à l'offenseur de s'en rendre compte. En ce cas, si l'offensé lui exprime son pardon, l'offenseur ne comprendra pas et il en résultera une forte gêne.

En règle générale, le pardon ne peut se donner que dans le plein accord des parties concernées, sinon le pire peut advenir.

Je ne résiste pas à vous raconter cette histoire qui m'est arrivée.

Il y a maintenant quelques années, je fréquentais en tant que participant un atelier philo. Un soir vint participer à cet atelier l'une de mes connaissances, un psychologue de surcroît. Sans que personne l'y invitât, il se mit, je ne sais trop pourquoi, à faire en public et en ma présence un discours sur ma personne des plus flatteurs. Je fus par ses soins monté sur un piédestal, j'étais bombardé grand philosophe. Ces propos à mon égard en plus d'être pompeux m'ont terriblement gêné.

Je lui en ai fait part après la séance, en lui disant que si j'étais heureux qu'il puisse penser cela de moi, il aurait pu me le dire en tête à tête, et que j'avais très mal vécu qu'il le fasse devant une assemblée qui était venue pour toute autre chose.

Il acquiesça en m'expliquant qu'il n'avait pas pensé que cela pouvait m'affecter. Nous en sommes restés là, plusieurs mois passèrent et cette histoire n'existait plus pour moi. Mais chose étrange, lorsque je lui offris mon livre précédent, il m'envoya un courriel me disant qu'il me pardonnait de l'avoir sévèrement réprimandé.

En fait, mon cher psychologue m'octroyait son pardon pour l'avoir repris à l'occasion de l'humiliation publique qu'à cause de lui, j'ai subi. On croit rêver non !

Il me semble dans un premier temps que l'offensé ne peut envisager de pardonner que si l'offenseur en exprime la requête. Cela n'est pas souvent le cas, surtout lorsque l'offenseur sait que a priori l'offensé a un goût pour la guéguerre, ou parce que l'offenseur n'a que faire du mal qu'il peut faire autour de lui.

Pour arriver à pardonner il faudrait qu'il y ait entre l'offenseur et l'offensé un acte de réparation. Cet acte serait fonction de la gravité plus ou moins importante de l'offense. Il pourrait se situer à plusieurs niveaux, consister en un acte d'humilité où l'égo, l'amour propre de l'offenseur serait par lui-même tenu en respect. Un effort donc, de l'offenseur vers l'offensé. À cette condition, l'offensé pourra peut-être pardonner.

Sans une contrepartie, le pardon semble impossible. Cette contrepartie ne serait pas une sanction mais plutôt une réparation. La vérité d'un sincère repentir, d'une prise de conscience de notre maladresse peut suffire à endiguer le fléau.

Les hommes pensent parfois le pardon comme un idéal, où seule une élite répondant à une éthique irréprochable pourrait pratiquer cette vertu. Cela me paraît improbable, le pardon est accessible à tout un chacun et n'est sûrement pas réservé à quelques uns.

Pour que le pardon ait lieu, il faut que l'offense ne présente aucun doute de la part des parties concernées. Dans un souci de rétablir l'équilibre rompu par l'offenseur, celui-ci par une contrepartie prouvera à l'offensé son désir de racheter sa faute.

Il me semble normal qu'une contrepartie réparatrice vienne amoindrir l'offense, voire l'effacer. Il ne faut pas penser cette contrepartie comme étant toujours une réparation financière. Lorsque l'offenseur montre un sincère repentir, lorsqu'il est réellement navré de la peine et du dérangement dont il est la cause, il fait ce que les chrétiens nomment un acte de contrition. Cela bien souvent suffit quand une bonne volonté se trouve des deux côtés.

Parfois aussi une gentillesse en forme de coup de main remplace bien des discours.

Le pardon comme son nom ne l'indique pas n'est pas de l'ordre du don ou de la gratuité de l'acte. De même que le courage n'a rien à voir avec le cou et la rage, le pardon n'est pas un don. Le pardon ne me semble pas pouvoir s'obtenir sans s'accompagner d'une contrepartie, d'un repentir, d'un dédommagement, d'un rachat de la faute en amende honorable.

Est-ce de l'égoïsme qu' accorder le pardon, de la faiblesse que de le demander ?

On pourrait se demander pourquoi il y aurait de l'égoïsme à pardonner. Cela serait plutôt charitable, un coup d'éponge magique pour tout effacer.

Ne pas pardonner, cela équivaut à garder en soi de la rancune, de la rancœur, de la colère, peut-être même de la haine et des désirs de vengeance.

Pardonner, c'est se débarrasser de tout ce fardeau, respirer enfin et se sentir léger. Pouvoir pardonner, c'est retrouver une certaine innocence, une quiétude de l'être. Celui qui pardonne se débarrasse d'un poids.

Cela est une conséquence du pardon et ne devrait pas être un but. Le pardon, lorsqu'il est donné exclusivement pour nous soulager d'un poids, ce n'est plus être charitable ou bienveillant mais égoïste.

Cet égoïsme peut générer des imbroglios irréversibles dans le cas où l'offenseur n'a pas demandé à être pardonné. L'offenseur va se sentir humilié, réduit aux bonnes grâces de celui qu'il a offensé. L'offenseur se sent rabaissé, pris de haut par un grand seigneur de pacotille qu'il finira par mépriser. Ce n'est à mon avis pas une bonne idée que de pardonner sans que cela ne soit demandé.

Cependant il est possible aussi, mais sans doute moins fréquemment que l'offensé ne soit pas outre mesure marqué par l'offense et n'en veuille pas à l'offenseur.

Lorsque l'on demande à être pardonné par celui que l'on a offensé, cette demande peut être considérée comme de la faiblesse. Il y a pourtant je crois une grande force dans cette humilité. Mais lorsque l'offensé n'est pas bienveillant et que l'on sait qu'il ne manquera pas de réagir en supérieur en se moquant avec le regard du prétentieux, cela n'incite pas à montrer quelque repentir.

Tout le monde peut-il demander à être pardonné ? Tout le monde est-il pardonnable ?

Si l'on en croit Socrate, tout le monde est pardonnable. Il disait, nul n'est méchant volontairement.
Le fait est que dans la vie il n'y a pas une case marquée « gentils », et une autre case marquée « méchants ». Il n'y a pas eu non plus quelqu'un qui nous a dit d'en choisir une, cela n'existe pas.
Si l'on ne pardonne pas aux méchants, à qui va-t-on pardonner ? Nul n'est méchant volontairement, nous dit Socrate, le méchant l'est donc bien involontairement, ce n'est donc pas de sa faute. Alors à quoi est due la méchanceté d'une personne ? Sans doute à tout un enchaînement de causes et d'effets, de déterminismes, de causalités, de nécessités, qui fait qu'il ne peut avoir lieu que

ce qui a lieu. Nous sommes tout ce que nous sommes, cela n'est pas de notre faute, cela ne dépend pas de nous.

Mais attention de ne pas accepter trop vite, car si nous sommes méchants involontairement, il dépend de nous de faire en sorte d'orienter notre vie dans le sens que nous voulons. Cela ne dépend pas de nous si la mer est d'huile ou si elle est démontée. Cela ne dépend pas de nous non plus si le soleil brille ou s'il fait tempête. Mais cela dépend de nous de faire en sorte d'orienter le bateau pour qu'il se dirige vers l'endroit où nous avons décidé de nous rendre.

Si l'erreur est excusable, pardonnable, la faute l'est beaucoup moins car elle est le fruit d'une volonté, d'une intention. Si l'on peut accepter ce que nous dit Socrate, nul n'est méchant volontairement, il me semble que l'on peut toutefois nuancer.

Être méchant répond à des circonstances de vie qui ne dépendent pas du méchant, mais faire des méchancetés répond d'une volonté, d'une intention. On pourrait dire qu'être méchant cela n'est pas de notre faute mais faire une méchanceté, cela est une faute.

La faute est volontaire tandis que l'erreur est sans intention.

Dans le cas où l'on pense qu'il n'y a pas de libre arbitre, que l'on ne choisit pas les choses volontairement et par conséquent que nous sommes soumis à l'engrenage de la causalité, en ce cas pardonner c'est être miséricordieux. C'est cela que l'on appelle miséricorde.

Les Stoïciens préconisaient l'attitude suivante.
Remplacer la colère par la pitié,
      la vengeance par la justice,
      la rancune par la miséricorde.
La miséricorde est une vertu, elle est le juste milieu entre la haine et l'amour-insensé. La miséricorde naît de la réalisation du pardon. L'offenseur voulant racheter ses fautes dans un repentir est dans une souffrance, une culpabilité. Il n'est pas aisé pour l'offensé de conserver pour l'offenseur haine, rancune, rancœur etc... à ce moment-là entre en jeu la compassion, qui est une vertu du cœur. L'offenseur souffre, je ne le hais plus, je partage sa souffrance, c'est cela la compassion.
Lorsque l'offensé est dans la colère, la vengeance, la rancune, c'est son corps qui parle, alors que la miséricorde est, rappelons-le, une forme de pardon, elle est une vertu intellectuelle. C'est-à-dire que je vais aller au-delà de mon corps qui parle, qui est dans la colère, la vengeance, la rancune pour rejoindre cette vertu de l'intellect qu'est la miséricorde, le pardon de miséricorde.

Être dans la gratuité du pardon, le donner comme l'on donnerait un ultimatum, c'est ne pas permettre à l'offenseur de se racheter. Il arrive parfois que l'offensé demande lui-même à l'offenseur d'être dédommagé, par exemple par une aide manuelle, le litige s'efface alors dans la sueur d'un travail partagé.

Par contre, si l'on pense comme Vladimir Jankélévitch que le libre arbitre existe et que nous sommes responsables de nos actes, le pardon ne sera plus une miséricorde mais une grâce.

L'important à retenir est que le pardon en général qu'il soit une miséricorde ou une grâce permet d'effacer en nous les passions tristes telles que colère, haine, rancune etc...

Le pardon n'est pas du corps, il est de l'ordre de l'intellect, il est une vertu intellectuelle, il demande de la raison, de la réflexion, du rationnel.

Mais rappelons ce que nous disent les Stoïciens, il faut remplacer, opposer, la colère par la pitié, la vengeance par la justice, la rancune par la miséricorde.

Deux formes de pardon se présentent à nous. Le pardon conditionnel et le pardon inconditionnel.

Les premiers dont nous allons parler sont ceux que nous appelons le pardon et la grâce.

Gracier c'est, du moins de nos jours, délivrer un condamné de sa sanction en partie ou totalement. En France, le Président de la République a ce pouvoir. Il peut à tout moment s'il le désire délivrer un condamné de sa peine. La grâce présidentielle est souvent obtenue à cause de circonstances atténuantes dont bénéficie le condamné. L'un des derniers cas sous la présidence de François Hollande fut celui de Jacqueline Sauvage. Elle avait tué son mari après avoir subi par celui-ci, elle, ainsi que ses enfants, de nombreux sévices et maltraitances. Le bon sens du Président lui insuffla d'utiliser son pouvoir, de plus, l'opinion publique allait en ce sens.

La justice nous délivre de la vengeance, encore faut-il qu'il y en ait une. Un état de non-droit ne permet pas la justice, seul un état de droit permet l'application des lois, mais trop souvent le manque de moyens et parfois la corruption font qu'elle s'en trouve absente. Cela renforce le sentiment d'impunité par la réalité même de sa cause. Les citoyens sont tiraillés par le désir de faire justice eux-mêmes, le respect des institutions censées nous protéger baisse régulièrement, incitant les plus rebelles à outrepasser leurs droits.

Le deuxième est la miséricorde qui n'existe guère que dans le divin.

Vladimir Jankélévitch disait : « Le pardon pur est un évènement qui n'est peut-être jamais arrivé dans l'histoire de l'homme. »

Cependant je souhaiterais vous parler en évoquant l'Évangile selon Saint Luc, du pardon de miséricorde. Il y est précisé dans ces pages que Jésus aurait dit au moment de la crucifixion,
« Père, pardonne-leur car ils ne savent ce qu'ils font. »
Cette phrase est riche d'enseignements. Le propos n'est pas d'affirmer ou d'infirmer que Jésus ait réellement existé ou non, mais de tirer de cette parole le maximum d'enseignements.
Nous passerons vite sur l'ambiguïté du mot père qui devrait désigner l'homme qui élève l'enfant, en l'occurrence Joseph,

le géniteur étant celui qui féconde la mère. Mère qui serait restée vierge…Je vous laisse avec ce mystère.

Père, pardonne-leur car ils ne savent ce qu'ils font, le verbe savoir est important.

Le savoir, c'est la connaissance, et toute connaissance est une vérité. Jésus parlait en vérité, c'est-à-dire en connaissance, ce n'est pas le cas de ceux qui crucifient et de ceux qui assistent à la crucifixion et qui sont solidaires des Romains qui exécutent cette lourde peine. Tous ces gens ne savent pas, ils sont dans l'ignorance. Ils sont dans l'ignorance de ce qu'ils font. Ils ne sont pas dans la connaissance, la vérité. Jésus ne peut en vouloir à des ignorants, des personnes qui ne savent pas ce qu'ils font, il dit, Père pardonne-leur.

Ces personnes sont dans le faire, ils font, ils sont dans l'action et non dans la réflexion.

Les gens ne sont pas réductibles à ce qu'ils font, et à ce qu'ils ont fait. Réduire quelqu'un à ce qu'il a fait, c'est lui interdire la possibilité de s'améliorer, de quitter cette négativité.

Jésus demande à son Père un pardon de compassion qui comprend et ne juge pas les offenseurs, un pardon de miséricorde qui est sans conditions, un pardon pur dont il me semble que seul le divin est capable.

Le pardon pur, inconditionnel, c'est ce que j'appelle la miséricorde.

Le pardon ne dispense ni de l'oubli ni de la justice.

Nous ne pouvons oublier volontairement notre passé. Ce qui a eu lieu a eu lieu et nous ne pouvons sortir de cette tautologie, cependant nous pouvons agir sur le passé en modifiant notre perception de celui-ci et en agissant sur notre ressenti voire notre ressentiment. Nous faisons même appel en certaines circonstances au devoir de mémoire. Le pardon n'efface pas le souvenir, il permet de quitter la haine et la colère, mais la réparation exige parfois une sanction et c'est par la justice et non par la vengeance que l'équilibre rompu par l'offense peut être restauré.

Comment faire si l'on ne peut pardonner l'offenseur ?

En fait, il faut bien dire que le pardon n'est finalement pas souvent exprimable. Il est impossible, inutile, vain, voire absurde de pardonner dans bien des cas.

Souvent, les faits sont à prendre comme ils viennent, car pardonner n'a d'utilité que si le pardon s'adresse à une conscience. En effet, il serait inutile et vain d'en vouloir et de pardonner à, par exemple, une plante qui vous griffe, un moustique qui vous pique, un enfant qui vous arrose non intentionnellement en sautant dans l'eau, à celui qui ne sait pas, au malade mental.

Seul, à mon avis, un être doté d'une conscience suffisante peut réunir les conditions lui permettant d'être pardonné, encore faudrait-il qu'il l'ait demandé, ou qu'il ait montré un embarras sincère.

Mais attention, dire à l'autre, je te pardonne, cela équivaut à dire, tu as fait une faute.

Si le pardon n'est pas toujours exprimable, on peut tout de même le formuler en son for intérieur. Cela permet de se débarrasser des rancunes et autres que l'on nourrit à l'égard de l'offenseur. L'offenseur n'est pas toujours joignable, il se peut même qu'il soit décédé.

Mais un autre problème peut se poser, ne pas dire volontairement ou non à l'offenseur qu'il est pardonné, a pour effet de le laisser en prise avec sa culpabilité, son repentir, sa souffrance. Ce n'est pas simple et c'est sans doute pour cela que le pardon est une vertu venant de la raison, une vertu intellectuelle.

L'offenseur ne peut pas être pardonné par l'offensé.

Ce cas de figure est parfois passager, parfois définitif.

Lorsque l'offensé est décédé, l'offenseur n'ayant pu se racheter garde sa culpabilité. C'est le cas qui peut-être est le plus problématique. Comment peut-on se racheter lorsque celui qui a souffert par nous n'est plus… la culpabilité risque de tourner en boucle en nous, à la manière d'une passion triste. Vivre ne sera pour nous qu'une longue rumination et les petites joies de la vie, à peine présentes, seront ternies par le souvenir de l'offense devenue présence de chaque instant.

Nous ne pouvons sortir d'une telle situation, sauf à raisonner. Nous ne pouvons revenir en arrière ni faire un tour dans le passé afin de le modifier à notre avantage.

Non, ce qui a eu lieu est devenue vérité éternelle.

Mais à vrai dire, cette culpabilité n'est-elle pas le reflet d'un narcissisme masochiste ! L'offensé est décédé et cela n'est pas de notre faute. Il est vrai que peut-être nous aurions pu faire en sorte d'atténuer ou d'effacer le mal que nous avons causé. Les circonstances en ont voulu autrement et maintenant il est trop tard. Ce n'est pas de chance, mais l'offensé est décédé et il ne souffre plus. L'offense ainsi que l'offensé n'existent plus et la souffrance qui altérait celui-ci a cessé elle aussi d'être. Que nous regrettions est une chose, mais que nous gardions indéfiniment en nous cette culpabilité qui nous ronge en est une autre. Sortons de cette culpabilité qui nous empêche de progresser et travaillons à faire de nous une personne meilleure. Se faire souffrir ne sert à rien, cela reste de l'égocentrisme, il serait mieux venu de se rendre utile.

Il arrive que l'offensé soit trop altéré par l'offense. Blessé, traumatisé, il ne peut être à l'écoute de celui qui est la cause de son mal. Il n'est pas capable d'entendre quoi que ce soit provenant de l'offenseur. Il faudra que beaucoup de temps passe pour que l'offensé puisse percevoir avec plus d'objectivité les faits. La patience de l'offenseur fait partie du prix à payer, mais il ne faudrait pas qu'une réparation devienne une sanction, sachons tout de même garder mesure.

Quand l'offensé veut faire justice lui-même, toute réparation paraît impossible. L'offensé n'a que vengeance en tête, un seul moment compte pour lui, celui où il pourra exercer avec peut-être pour lui la plus délicieuse des sauvageries, son emprise sur l'offenseur.

Il me semble que cette situation est pour le moins difficile à solutionner. Comment en effet faire entendre raison à quelqu'un que l'on a offensé lorsque celui-ci ne fonctionne que par la loi du talion ! Souhaitons-nous du courage en espérant que nous trouverons au moment venu la bonne méthode pour éviter pour nous comme pour l'offensé le pire.

Dans le cas où l'offensé fait subir un chantage à l'offenseur, aucun sincère repentir ne pourra impacter le maître chanteur. Il me semble que toute action visant à montrer une sincère bienveillance, ne ferait que conforter l'offensé dans son entreprise. Il nous reste, si cela nous est possible, à employer tous les moyens légaux dont nous disposons. Mais bien heureusement ce dernier cas est assez rare.

Force est de constater que l'offense, à la manière d'un boomerang, se retourne parfois et avec bien plus de vilenie contre l'offenseur.

Alors, peut-on tout pardonner ?

Cela ne semble guère possible, un peu comme un défi, et je dirais que peut-être avec le temps une esquisse de pardon peut poindre à l'horizon des sentiments.
Mais le pardon ne dispense pas du souvenir, du devoir de mémoire, ni parfois du combat.
Le pardon permet de sortir de la haine, de la rancune, de la colère, de quitter l'esprit revanchard, et si l'on se doit de répondre au bien par le bien, il faudrait répondre au mal non pas par la vengeance mais par la justice.

Vilain garçon.

En silence, en substance et tendrement,
Je te demande pardon.
Sans colère, en rivière et posément,
Oh, je te demande pardon.

Sans esbrouffe, en pantoufles, assurément,
Oh la la, je te demande pardon.
Et avec détermination, décidément,
Oh la la, je te redemande pardon.

Sans trop chipoter sur les belles manières,
Laissant de côté mes ruses cavalières,
Oh la la vraiment ! Je te demande pardon.

Mais si vie me faisait recroiser des belles,
Je te demanderais encore ton pardon.
C'est fou, parfois, ce que ma vie est cruelle...

La solitude.

La solitude est un sujet de philosophie qui ne laisse personne indifférent. Nous avons tous été traversés et affectés à un moment de notre vie par la solitude ou le sentiment de solitude. Nous en avons tous l'expérience, parfois nous a-t-elle été passagère, d'autres fois nous l'avons sentie flirter avec le désespoir. Pour les plus chanceux qui en ont été épargnés ou plutôt pour ceux qui pensent ne l'avoir jamais connue, je peux affirmer sans craindre de faire erreur que cela ne durera pas. La solitude est le lot commun des femmes et des hommes ainsi que des enfants, elle n'épargne personne.

Ces lignes, je les écris pour nous tous en souhaitant qu'elles nous apporteront une plus grande compréhension de la solitude, sinon le moyen pour qu'elle ne se manifeste pas plus qu'à son tour. L'optimum étant de faire de ces moments de solitude autant de périodes positives, où l'extase, la créativité et les retrouvailles avec soi feront trio.

Nombreux sont ceux qui se sont penchés sur la solitude. Leurs propos, en tous cas ceux dont j'ai pu prendre connaissance, sont tous du même ordre. Ils considèrent qu'il y a deux solitudes, l'une désirée et l'autre non désirée. Nous dirons que cela n'est pas aussi simple mais plus complexe sans être pour autant compliqué. Il y a non pas deux solitudes mais trois aspects de la solitude.

Peu de gens recherchent la solitude, et pourtant elle est bien là, elle est la conséquence d'un manque de communications, indéniablement présente, s'imposant au point de faire souffrir ceux qu'elle accompagne.

Les trois aspects de la solitude sont issus de la configuration suivante.

Il y a celle qui ne dépend pas de nous et celle qui dépend de nous. Pour la deuxième, il s'agit de la solitude désirée. Je rappelle que le désir peut être défini comme une ambition, une volonté. La solitude désirée n'est pas négative puisque produite par celui qui recherche sa présence. Mais le non désir de solitude ne l'empêche pas de se manifester. Elle revêt alors deux aspects : celui d'une solitude que nous pouvons accepter et en ce cas, c'est un moindre mal ou celui d'une solitude subie. Subir sans approuver, voilà les conditions de la souffrance, des désagréments et du mal-être à venir.

Nous allons dans un premier temps nous rendre compte de la négativité reliée à la solitude.

L'enfant naît, la solitude n'existe pas pour lui. Son être est sans limite spatiale, il est tout et tout est lui. Cela porte le nom de sentiment océanique. Puis le bébé se détache de ce qui l'entoure pour devenir lui-même. Il y a la naissance physique puis la naissance psychologique, c'est le début des interactions avec les éléments humains qui l'entourent. Il devient un être avec sa singularité, avec une conscience de soi qui ira grandissante au fur et à mesure de son nécessaire attachement aux autres. C'est à ce moment que la solitude pourra commencer à exercer sur ce petit bout toute l'étendue de son influence.

La solitude n'est pas pour la majeure partie d'entre nous synonyme de plaisirs, nous allons voir quelles en sont les raisons.

Vulnérabilité, insécurité.
Tout d'abord, être seul et c'est assez banal de le dire, nous rend vulnérables. De tout temps, l'homme, être social, a constitué des groupes pour être plus fort, pour se défendre des animaux sauvages, pour chasser, pour construire des abris. L'homme seul, insécure, vulnérable, était destiné à une mort certaine. Le groupe apporte une garantie d'entraide, nous trouvons notre indépendance identitaire qu'autant que nous la partageons avec d'autres. La solitude, l'isolement, l'exil, de l'homme préhistorique jusqu'à nous, auront tôt fait de faire de nous des proies. Nous devons pour nous garder en vie faire bon commerce avec les autres, et c'est ainsi que parfois l'être humain atteint l'acmé en réalisant une œuvre commune.

Sentiment d'abandon.
Comme nous l'avons vu plus haut, l'homme est un être social, l'entourage joue pour beaucoup dans notre construction. Toutes les personnes autour de nous sont autant de miroirs offrant une image de nous-mêmes. Nous savons que nous pouvons toujours orienter notre vie, mais comment nous construire sans accepter ou défaire partiellement l'empreinte que les autres posent sur nous ? L'autre est

essentiel et sans lui, nous ne pouvons être. Lorsque nous avons subi un abandon ou une exclusion, nous portons en nous l'expérience douloureuse de notre impuissance à vivre seuls. Nous nous sentons en danger de mort, livrés à nous-mêmes, désespérés, à la recherche fébrile d'une nouvelle dépendance, d'un bâton de survie. Cela vaut pour l'enfant comme pour l'adulte. L'abandon, l'exclusion marquent en profondeur les personnes touchées.

Les bébés connaissent eux aussi ce sentiment d'abandon vécu à n'en point s'y tromper comme une réalité. Nous aurons beau dire que nous sommes les meilleurs parents du monde, il nous est tous arrivé de laisser pleurer notre enfant seul, ne serait-ce que quelques minutes. Pour le bébé, l'abandon est bien réel et ses pleurs mêlés de cris témoignent de son mal-être. Évidemment que cela permet entre autres au bébé de se construire, mais à jamais il gardera en lui un sentiment d'abandon. La solitude réactive et aussi ramène ces terreurs enfantines. Elles seront renforcées si plus tard un mauvais destin nous laisse seuls. Nous cherchons en général à éviter la solitude parce qu'elle se fait l'écho de tous les rejets, que nous avons subis ou vécus comme tels.

Méfaits comportementaux.

Être seul, rester seul, tourner en rond toute la journée. Ne pas parler à l'autre puisque l'autre n'est pas là. Se mettre à parler tout seul, à haute voix, en interminables soliloques et se le reprocher. Ne sommes-nous pas fous de parler sans personne pour entendre nos mots ? Peut-être que nous devenons fous, que nous perdons la tête ? La solitude est une plongée dans l'inconnu, un grand bain dans le vide existentiel.

Il arrive parfois qu'un certain délaissement de soi s'installe. Nous perdons la direction de la salle de bain. Faire notre toilette, ce qui était en dehors de la solitude une affaire entendue relevant d'une habituelle nécessité, se transforme maintenant en un besoin futile. Il en va de même pour le ménage. La maison, habituellement entretenue, prend des allures de poèmes. La serpillière bien sèche dans le coin de la cuisine respire la poussière. Nous commençons à ne plus nous alimenter correctement, les fruits et les légumes disparaissent au profit des aliments que les industriels préparent pour nous. L'alcool est parfois au rendez-vous des esseulés. Puisque le temps nous veut du mal, rien que de normal de vouloir le tuer, malheureusement par les plus mauvais moyens.

La solitude nous fait nous négliger, les habits... si l'on veut, la toilette... parlons-en, et la nourriture... grasse et sucrée, arrosée de breuvages douteux.

Ce tableau est catastrophique mais objectivement souvent assez proche de la réalité. La solitude étant considérée comme l'enfer, il n'est pas rare pour certains d'entre nous de trouver refuge dans des paradis non conventionnels. Elle légitime les addictions de toutes sortes, du jeu vidéo en passant par le film x pour quelquefois finir dans la drogue.

Vivre dans la solitude perturbe notre sommeil.

Nous nous pensons bien tranquilles, sans la présence de l'autre, mais malgré nous, et à notre insu, nous pâtissons de cette absence. Les travaux des neurologues ont démontré que vivre seul procure dans notre sommeil de multiples micros interruptions. Comment peut-on être serein la journée si pendant la nuit nous ne pouvons accéder à un repos récupérateur...

Nous sommes nombreux à tenter de pallier cette solitude avec la compagnie d'un animal domestique. Il est fidèle, sans rancune, et devient un interlocuteur de qualité, il est le seul à nous prodiguer de l'amour malgré nos incohérences. Mais cela n'est pas une solution, rien ne peut remplacer la présence d'un être humain.

Mais que cache la peur de la solitude ?

Nous dirons premièrement, la peur de la confrontation avec notre finitude. Avoir conscience qu'un jour nous ne serons plus est pour certains d'entre nous insupportable. La solitude nous met face à cette réalité. Être seul avec nous-mêmes, c'est s'observer, se regarder dans le miroir, remarquer ce que l'on préférerait ne pas savoir. La mort est là, elle se manifeste en imprimant chaque jour sa dose de rides et d'obscurité dans la couleur même de notre peau.

Nous dirons deuxièmement, la peur de se retrouver soi-même. La solitude permet ce face à face, cette promiscuité insoutenable. Nous nous découvrons et cela fait peur, habitués que nous sommes d'être constamment en relation avec d'autres. Les amis, la famille, les collègues de travail, toutes ces personnes qui font que l'on n'est jamais véritablement seul. Se découvrir, c'est se rendre compte que nous ne sommes pas un. Il y a un décalage entre moi et moi-même, par exemple lorsque je dis, je me regarde dans le miroir, je peux me poser la question suivante :

Qui me regarde dans le miroir ?

Réponse, c'est tout simplement je. Je, me regarde, ma personne est regardée par je. Ma personne est donc celle qui me regarde ainsi que celle qui est regardée.

Tout cela est bien normal, mais quelqu'un non habitué aura tôt fait d'avoir peur de lui-même, en pensant être possédé par je ne sais quelle entité, alors qu'il est tout simplement face à lui-même. La plupart des gens redoutent de découvrir ce qu'il y a derrière le masque. Le mot personne vient de persona qui veut dire masque. Nous avons peur d'être seul, que notre masque tombe, peur de découvrir cette profondeur qui fait que nous sommes nous et personne d'autre.

Nous dirons troisièmement, la peur de la solitude existentielle. Nous naissons seul, nous vivons seul, et nous mourons seul. Tout ça n'est pas bien réjouissant et pourtant cela est bien notre condition humaine. Nous avons beau manger face à face, parler ensemble et faire l'amour ensemble, nous n'en sommes pas moins seuls. Même si nous apprécions le même repas, même si nous sommes d'accord sur nos propos, même si nous jouissons en même temps, nous n'en sommes pas moins seuls. La solitude nous amène doucement dans la compréhension de la solitude existentielle. Nous prenons conscience qu'absolument tout ce que nous vivons, nous sommes seuls à le vivre. Le même instant vécu à deux se divise immédiatement en deux instants vécus solitairement par chacun. La solitude nous confronte à notre condition humaine que nous jugeons triste et décevante.

La peur de la solitude nous pousse vers des divertissements sans intérêt et nous empêche d'être créatifs. Nous craignons de nous ennuyer car pour nous la solitude est le reflet d'un terrible désintérêt de tout. Nous ne nous intéressons à rien, c'est pour cela que nous portons intérêt à tout ce qui n'en a pas. Nous passons notre vie en mauvais téléfilms, en repas fast-food destructeurs, en radio ou télévision allumées sans en apprécier le programme, en fait nous faisons tout pour ne pas nous retrouver seuls avec nous-mêmes. Nous divertir à tout prix, mais d'un divertissement qui rime avec perte de temps. Tout est bon pour noyer le poisson, nous plongeons dans des eaux épaisses et troubles d'où l'on ne peut prendre conscience de notre condition humaine.

Au 17ème siècle, Blaise Pascal écrivait ceci :
« Tout le malheur des hommes vient de ne savoir pas demeurer en repos dans une chambre. »

S'occuper à tout prix, chercher dans le futile voire dans le sordide le moyen de ne pas penser. C'est une fuite en avant désespérée où nous troquons notre vie contre l'oubli de soi.

Bien plus tard Edgard Morin écrira les mots suivants :
« Se débarrasser de l'inessentiel, tel est l'essentiel pour l'homme. »

Nous craignons la solitude parce qu'elle nous éloigne des autres, en entraînant une désocialisation. Ce n'est pas agréable, cette sensation d'être sur une voie de garage, d'où l'on ne peut qu'avoir la crainte constante de rater quelque chose.

Friedrich Nietzsche nous dit :
« Le mauvais amour de soi-même fait de la solitude une prison pour nous. »

Comment éviter la solitude.

Il me semble raisonnable de dire que nous ne pouvons pas totalement éviter la solitude. Cependant, il n'est pas impossible de l'éviter au moins en partie. Nous savons que certains d'entre nous sont prêts à gâcher leur vie dans des divertissements souvent de mauvaise qualité pour ne pas subir la solitude. Ils sont dans le rejet de celle-ci. Le rejet et le déni vont souvent de pair et se fermer les yeux ne permet pas que l'inévitable solitude advienne. Alors autant l'accepter, c'est ce que nous verrons en cours de chapitre prochain, et faire en sorte par quelques moyens d'en minimiser l'importance. Nous avons pour cela plusieurs solutions, simples, abordables et surtout efficaces.

Il faut savoir que la solitude a une action sur elle-même auto-renforçante. Ce qui signifie, si vous me permettez cette tautologie, plus nous sommes seuls, plus nous sommes seuls. La solitude s'entretient elle-même. Il nous faudrait donc, si de même vous me permettez cette pensée paradoxale, en sortir avant même que d'y entrer.

Lorsque nous sommes seuls, nous affichons notre état de solitude aux yeux des autres sans que nous nous en rendions compte. Si par notre attitude nous ne montrons aucune disposition à échanger avec les autres, si nous ne présentons pas un intérêt particulier, les autres ne viendront pas vers nous. La spirale infernale est lancée, plus on est seul, plus on est seul.

Le pire est que cette solitude va devenir notre identité, et cette identité notre regard sur nous-mêmes. Les autres ainsi que nous-même vont considérer cette solitude comme étant une partie de notre singularité, et ce que nous verrons dans le regard des autres finira par nous convaincre que la solitude et nous ne faisons qu'un. Plus nous sommes seuls, plus nous l'attirons. C'est le cas de l'enfant qui s'isole pendant les récréations, à force d'agir ainsi il finira bien vite par être réellement isolé.

Voici quelques éléments pour contenir en partie la solitude.

Dans un premier temps, il serait bon de réfréner nos égos. Ce sont eux qui nous font parler fort, nous prendre pour ceux et ce que nous ne sommes pas, nous comparer à notre avantage etc...

L'un des points capitaux, si l'on veut vivre en société est d'accepter les défauts des autres. Toutefois dans une certaine mesure, tout accepter aurait un effet délétère.

Passer un peu sur sa timidité et faire le premier pas vers les autres, au lieu d'attendre que ce soient les autres qui le fassent. Nous pouvons, sans nous imposer, montrer que nous sommes là. Tout doucement, en allant vers l'autre de manière sincère, peut-être en lui demandant un conseil ou s'intéresser à ce qu'il fait, ce qu'il aime.

Ne pas non plus refuser les invitations jusqu'à ce qu'il n'y en ait plus. Souvent une relation amène à une autre, ne pas répondre systématiquement aux invitations ne permet pas d'agrandir son cercle de connaissances.

Faire en sorte d'avoir de l'estime pour soi ainsi que de la confiance en soi. Comment pourrait-on aimer les autres sans avoir d'amour de soi ? À condition de ne pas confondre amour de soi avec amour propre, ce dernier étant le repaire des égos.

Il nous faut, avec précaution, sortir de notre zone de confort, ne soyons pas pressés de vivre le temps du fauteuil et des pantoufles, cela arrivera bien assez vite.

Ne pas attendre trop des autres. Ils peuvent parfois être décevants il est vrai, par négligence, par manque d'écoute, par confusion etc... ce n'est pas très grave, soyons celui qui pense à l'autre, qui lui apporte quelque chose, un geste, une attention. Il est parfois étonnant de remarquer à quel point trois fois rien, peut susciter chez l'autre comme gentillesse en retour.

« Suis-moi je te fuis, fuis-moi je te suis ». Ce dicton parle de lui-même, mais je lui préfère la métaphore d'Arthur Schopenhauer. Cette métaphore nous parle de porcs-épics qui se rapprochent pour se tenir chaud. Trop près, ils se piquent, trop éloignés, ils ont froid. La bonne distance est celle où ils peuvent quand même s'apporter un peu de chaleur sans risquer de se piquer. Nous devons avec les autres appliquer ce principe, ni trop près, ni trop loin. Savoir être là sans s'imposer et surtout savoir partir quand il le faut.

Je vous livre comme exemple quatre phrases à ne dire sous aucun prétexte.

Ne pas dire lors d'un repas auquel vous avez été conviés :
Il vaut mieux manger ça que de mourir de faim.
Ne pas dire à une dame :
C'est une jolie robe, avec elle vous faites presque mince !
Ne pas dire à un ami :
Si ma voiture était comme la tienne, on ne me l'aurait pas volée !
Ne pas dire à qui que ce soit :
Ce que tu viens de dire est vraiment très intelligent, tu as fait de grands progrès !

Il s'agit là bien sûr d'un peu d'humour, mais à y regarder de plus près, nous ne sommes parfois pas si loin de faire des gaffes du même genre.

Accepter la solitude.

Nous ne pouvons faire l'entière économie de la solitude. Il faut donc être conscient que malgré tous nos efforts pour en minimiser l'étendue, nous devons lui faire face. Nous pouvons choisir de nous soumettre à la solitude ou de s'y résigner ou encore de faire avec. C'est cette troisième alternative que nous choisirons.
Ceux qui ont peur de la solitude sont généralement ceux qui ont peur de se retrouver face à eux-mêmes. Alors n'ayons plus peur de nous retrouver et nous pourrons accepter la solitude, faire avec elle. Se retrouver soi-même demande de faire abstraction de ce qui s'interpose entre nous et nous.

Il nous faut donc mettre de côté :

1. Les problèmes quotidiens.
Les petits tracas habituels, les tâches et autres corvées à faire.

2. Les tourments sentimentaux.
À n'en point douter, ils occupent en grande partie notre esprit.

3. Les sentiments sociétaux.
C'est-à-dire les ambitions, les envies, les convoitises, les jalousies.

4. Les sentiments latents, regrets, tristesses du cœur, nostalgies, angoisses, tous les souvenirs nous emmenant vers une mélancolie certaine.

Une fois cela fait, que reste-t-il ? Nous pourrions dire qu'il ne reste rien, ou plutôt, qu'il ne reste plus que moi face à moi-même, débarrassé de ce qui habituellement fait obstacle, et nous empêche de trouver en nous cohésion et stabilité.

Nous sommes dès lors ici et maintenant, tranquilles, sereins, prêts à s'écouter, à se connaître, ou tout simplement à se reposer.

Désirer la solitude.

La plupart d'entre nous détestent la solitude, mais il y en a qui l'aiment au point de la désirer. Eh oui, cela existe ! Alors pourquoi, me direz-vous, cette même solitude procure détestation chez les uns et désir chez les autres ? Tout simplement parce que la solitude offre chez ceux qui savent en tirer partie de multiples bienfaits. Nous allons voir cela dans les lignes qui suivent.

La solitude favorise le retour vers soi-même. Le monde moderne dans lequel beaucoup d'entre nous évoluent est un rempart entre nous et nous. La solitude, elle, malgré son lot d'apparentes inactions nous donne la possibilité d'être à l'écoute de nous-mêmes. Or, prendre conscience de soi, apprendre à se connaître, savoir quelles sont nos tentations, nos convoitises, nos ambitions et vers quoi se tourne notre volonté, cette recherche, cette mise au point nous procurent l'équilibre nécessaire pour vivre sereinement.

La solitude est le moment où nous pouvons dialoguer avec les objets de notre monde intérieur, ces objets sont les personnes vivantes que nous côtoyons ou avons côtoyées et nos proches décédés. Nos souvenirs nous habitent et ils sont remplis de joyeuses et tristes silhouettes. Ce dialogue permet de jauger notre état affectif. Il permet aussi de se positionner dans cette galaxie d'individus chers et moins chers, qui ont contribué pour la plupart à l'élaboration de ce que nous sommes devenus.

Être solitaire implique d'être détaché, ou plus justement de s'écarter de la société mondaine. Nous trouvons en cela un sentiment de liberté, d'indépendance. Ne plus subir le rythme que nous impose la vie en commun, ne plus être au diapason de celui-ci ou de celle-là.

Dans la solitude, nous prenons plaisir à ne pas être sollicité, interrompu, dérangé par un tiers. L'idée d'être saturé par la présence de l'autre contrarie la réflexion. Rien de pire que d'être violemment tiré d'une méditation par un « à quoi tu penses ? » Et voilà tout notre échafaudage de pensée qui suite à cette intrusion sonore s'écroule. Cela est d'autant plus navrant que la réponse que nous faisons est presque toujours, « oh, à rien ! »

Le climat de solitude permet la réflexion sans que nous soyons influencés par un entourage direct. Il nous donne l'occasion de contempler nos actions et de développer notre conscience. Il faut entendre par, développer notre conscience, prendre comme habitude de faire le point sur, par exemple, la journée que nous venons de vivre. Se remémorer en cette occasion le détail de nos actions pour ultérieurement faire possiblement mieux.

Par la solitude nous nous rassemblons, nous nous unifions, nous devenons, chacun de nous pour nous-mêmes, une seule personne, nous mettons ensemble les différentes parties de nous, c'est-à-dire :
Qu'est-ce que je pense ?
Qu'est-ce que je ressens ?
Qu'est-ce que je fais ?

Quels sont mes projets ?
Quels sont les gens que j'aime ?

La solitude nous permet d'examiner les différentes propositions que nous offre l'existence. Il ne s'agit pas, bien sûr, de tout régenter, mais sans tirer de conclusions hâtives, de séparer chez les personnes que nous avons rencontrées, celles qui nous paraissent nous correspondre de celles qui nous paraissent ne pas du tout nous convenir. Nous pourrons ainsi avoir une idée des gens avec qui nous désirons entretenir des relations.

Par la solitude, nous prenons conscience des besoins sociaux, c'est-à-dire de l'utilité des rapports avec autrui. Elle est une fonction corporelle comme la faim, elle vous fait prêter attention aux besoins qui agissent sur nos rapports en société. La douleur sociale est un système d'alerte, un instinct, car jadis la solitude était synonyme de danger, voire de mort.

Désirer la solitude, c'est toujours éviter la fuite en avant, due à la peur de la mort et la peur de se retrouver seul avec soi-même, cette peur qui nous fait nous perdre dans des divertissements aliénants, qui ne nous apportent rien, sinon que de gâcher un temps précieux de notre vie.

Nous dirons avant de conclure, que nous distinguons la solitude sous trois formes.

Être seul. Qui est une circonstance.

Se sentir seul. Qui est un sentiment.

Être esseulé. Par exemple par un abandon, un exil, une expatriation. C'est une conséquence.

Lorsque nous sommes à une soirée entre amis, pourquoi certains d'entre nous peuvent se sentir seuls ? Il me semble que cela est le fait de ne pas se connaître soi-même, ne pas savoir qui l'on est puisque l'on ne s'est pas retrouvé, c'est cela la solitude. On s'amuse, on rit beaucoup, on flirte même, mais on est toujours tout seul. Puis on dit, il faut maintenant que je rentre chez moi. Nous rentrons chez nous et nous sommes toujours tout seul, terriblement seul, pourquoi ?

Écoutez la phrase que vous avez prononcée plus haut, il faut que je rentre chez moi, que je rentre chez moi.

JE rentre chez qui ? chez MOI. Qui c'est qui rentre ? c'est JE. JE quitte mes amis et je rentre chez MOI, je me retrouve en moi. Je ne suis donc pas seul puisqu'avec moi-même. JE, n'est donc pas seul. JE vais pouvoir M'entretenir de cette soirée avec MOI, et la prochaine fois, au milieu de mes amis, JE ne SERA pas seul.

Nous avons trop tendance à suivre. Il nous faudrait un peu plus d'indépendance, de confiance en nous même, d'estime de soi. Essayons de développer notre esprit critique, pensons par nous-mêmes sans toujours apporter notre soutien au dernier qui a parlé. La solitude naît aussi de la croyance aveugle en l'autre, alors que nous existons tout autant que les autres, avec notre identité propre, notre singularité, notre personnalité, tout ce qui fait que nous sommes nous et personne d'autre.

Sachons, et cela sera ma conclusion, que :

La vie nous emmène partout où nous allons.

Je laisse le dernier mot au PHILOSOPHE.

Sénèque dit :

« Il est nuisible en effet d'être attaché à ceux qui nous précèdent, chacun préférant croire plutôt que juger. On ne porte jamais de jugement sur la vie, on est toujours dans la croyance, et l'erreur transmise de main en main nous remue en tous sens et nous mène à notre ruine. Nous périssons par l'exemple des autres, nous guérirons pour peu que nous nous séparions de la foule. »

Fatale solitude.

De grands enfants se disent je t'aime,
Éparpillés sur les bancs, deux par deux,
Le temps est propice aux amoureux.
Comme je suis seul avec moi-même !

Un violoniste joue sa rengaine,
Derrière moi deux amis s'embrassent,
Il ne manquerait plus qu'ils s'enlacent.
Comme je suis seul avec moi-même !

Il fait beau, il fait chaud, mais quand même,
Ce n'est pas une raison pour livrer
Là devant moi comment se bécoter.
Comme je suis seul avec moi-même !

Fermer les yeux serait une aubaine,
Ne plus voir ces oiseaux qui s'habillent
Avec de doux mots, ô brûlants babils !
Comme je suis seul avec moi-même !

Il se peut que ce soit ma semaine,
Je viens de rencontrer mon âme sœur !
Je rêve, de moi elle n'a pas peur.
Oh comme c'est bien, une qui m'aime !

Mais solitude est souveraine.
Chez nous, le plus de joie et de plaisir
S'obtient lorsque nous nous faisons souffrir,
Quand nous sommes seuls avec nous-mêmes.

Postambule.

Ce livre aurait pu se terminer avec les mots de Sénèque, et cela n'aurait pas été pour me déplaire. Mais il m'est si bon d'être avec vous, permettez-moi d'en profiter encore un instant.

Je ne prodiguerai pas de propos élogieux à l'égard de celles et ceux qui m'ont apporté par leur patience, leur affection, leur intérêt pour mon travail, cette indispensable puissance nécessaire à l'écriture.
Je ne les nommerai pas non plus, afin de ne pas leur créer un inutile embarras.

L'éloge statufie, cimente les individus et n'est que bien peu en rapport de la gentillesse, de la simplicité, de la modestie, de l'intelligence et du charisme de ceux-ci.
Je ne formulerai donc comme réciprocité pour ceux qui m'ont donné leur confiance, qu'un merci, mais un formidable, un géant, un gargantuesque *MERCI*.

Puissiez-vous accepter ainsi toute l'étendue de ma reconnaissance !

À tous ceux qui souhaiteraient correspondre avec moi, je laisse mon adresse Facebook : « philosophieclement